靜心・淨心

52周的修煉
一年後與完美的自己相遇

洛桑加參——著

目錄

Chapter 3

進階投資，順應自然節律校對身心

自序

以心養身——預防醫學的終極護身術

預防醫學不只是醫生要學，面對更快、更複雜、更繁忙緊張的壓力時代，怎樣讓自身免疫系統防護網全開、百毒不侵？又如何喚醒休眠中的再生能力，將自癒潛能發揮到極致？不單只靠醫生，自己的細胞自己顧，自己也得貢獻一些力量才行。關於目前預防醫學的兩大主軸「免疫」與「再生」，大家若能有所涉獵，再好也不過。

沒有健康一切白忙

從現在開始花時間、花精神投資健康，就不怕以後得浪費更長時間、更多資源，來處理自己的「不健康」。這就是預防醫學的真諦。健康，是唯一真正穩賺不賠的投資。若沒有健康，事業顧不了、美食吃不了、友情親情享不了，更慘的是買了好車開不了，只能坐救護車，即便擁有豪宅，卻只能用到一張床位的空間。沒了健康，之前所努力的一切，通通白忙。

預防醫學的目標是讓人人皆享有「長壽」、「幸福」與「健康」。這三樣好東西，同時擁有它們才有意義，否則活到七老八十卻在病榻上插管度過，這樣就太辛苦了。

全球醫療再進化

隨時代進步，醫療也在進化，我認為大家的養生觀念應該來做一次大躍進式的升級。所謂「上醫治未病」，我想把大家都「訓練」成自身的良醫，自己做自己的「上醫」，熟習各種關懷身心靈的方法，觀照自心自性，時刻取得平衡。管好一顆心，預防它為身體下錯指令，引發八萬四千種疾病。

預測觀察未來世界的醫療趨勢，同時也是我預防醫學集團裡所有成員正在努力的目標，即是逐漸減少化學合成藥物的使用、降低人們對藥物的依賴性，儘量避免對人的身心造成破壞與負擔的醫療方式、多元並用提升自體免疫力修復力與再生能力的方法。比方說診所裡的靜脈雷射、血液淨化、ACT自體生長因子療法、免疫療法、幹細胞療法等，皆從細胞「再生」方面著手。重點著重於，不是去把「壞的」割掉燒掉，而是想辦法讓「好的」長出來、茁壯、數量變多，來取代壞的。原理如同，想要整體餐飲環境變好，你不用去攻擊、批評那些「壞的」，只要認真去支持那些「好的」餐廳，常去光顧消費、帶朋友去吃，那些不合時宜的，自然會被汰換掉。所謂新陳代謝，大概就是這個意思。

百分之七十五靠自己

醫生可以幫忙的是療程的部分，但要同時間獲得長壽、幸福與健康，剩下的百分之七十五，得靠自己的用功。用功什麼呢？第一，「靜心、淨心」，先排毒，後歸零，接下來提高靈性層次，使自己成為發散愛與善意的基地台，利他利人。第二，「調節心緒、轉化意念」，預防有毒的想法、錯誤的見解，再度在身體上作怪、顯化為疾病。第三，「恢復人體小宇宙與自然大宇宙的連結」。

觀察天體與人體之間的對應關係，調整治療法與採藥製藥施藥，是傳統西藏醫師的強項。我雖接受的是西醫訓練，但身為一個藏族人，我也跟所有西藏人一樣，非常重視人與自然間的聯繫。透過我的研究與臨床經驗證實，的確很多病的產生，都跟人與自然的疏離有關。在我上一本書《不生病的藏傳養生術》中，我利用大、小宇宙皆有的地水火風空五元素為主軸，提供各種養生建議。而這一本，則是用「時間」串聯起人的生理時鐘與自然節律，這同時也是我最近喜歡用的養生法：順應時令涵養身心靈。怎麼吃穿？呼應宇宙萬有的更迭異動，趁勢順勢人該做什麼最好？從宇宙自然中能得到什麼靈性啟發？需要各位自己用功的第三點，剛好是本書第三章的部分。

預防是什麼?就是別等到病歪歪了，才想到要靠吃藥與手術控制病情。另一個層次的預防，則是已經生病了，我們如何逆轉勝，預防疾病繼續惡化下去。敬邀諸位，迎接新時代，掌握全新的養生法，做自己的良醫!願健康與幸福與各位常在。

Chapter 1

預防身體的病
要從心靈著手

01

醫身體的病，解心裡的毒

在診所裡面對各種疑難雜症、於海內外各地演講時，我經常教大家靜坐靜心。因為現代人很多疾病的產生，常常與「心靜不下來」有很大的關係。老闆一個Line傳來交代工作、電視新聞播出令人焦急的內容、親友客戶幾句不中聽的渾話……日常生活中，我們有太多太多的機會接收到突如其來的精神刺激，令人幾乎分分秒秒處於緊戒備戰狀態。

這是一個前所未有、交感神經極其亢奮的時代。

心靜不下來、壓力指數不斷向上攀升，人就急，跟別人急也跟自己急，情緒變化快，易怒、焦躁、煩，時不時崩潰。

緊張緊繃、敵意恨意、怒氣衝衝，心情不美麗等種種看似無形的心緒，實實在在影響到有形的肌肉張力、擾亂循環。交感神經運作太過於旺盛的結果，連帶內分泌、免疫力、消化力、自癒力與細胞再生能力，都會拉警報。如此，對人的整體健康影響甚鉅。

以靜制毒，醫心養身

怒氣、怨氣、悶氣、抑鬱、恐懼、悲傷、焦慮、貪欲、無知太過，我稱它們為心裡的毒。心毒能使人體循環七上八下，氣血橫逆，亂成一團，導致種種疾病產生，輕則感冒反覆、發炎反覆，疲勞難以緩解，人老是累。重則慢性病與癌症的病芽，在體內紮根日益茁壯。

佛教醫學指出貪嗔癡三毒引發人體內三種生命能量的失衡，這三種生命能量分別為「隆（藏文 Lung，對應『風』）」、「赤巴（藏文 Tripa，對應『火』）」以及「培根（藏文 Bekan，對應『水』、『地』）」。中醫以「喜則氣緩、怒則氣上、憂則氣鬱、思則氣結、悲則氣消、恐則氣下、驚則氣亂」來描述過激的情緒，使氣在身體裡的運行失常。

換成西醫語彙，大家比較容易理解的例子是，經常讓自己暴怒，猛然心跳急促、狂飆血壓，易對血管造成危害。而呼吸短淺，對身體各器官，尤其是大腦的氧氣供應不足，則容易使人陷入慢性疲勞的迴圈之中。

無形的心毒能造成有形的身病，所幸，我們現在已經知道，可以透過調伏自心來加以防範，以靜制毒。從最深層梳理出內在失衡的真正原因，制伏身心靈失衡於未病之前。不論治療疾病還是預防疾病，我認為使人人皆擁有「靜心」的能力，於恢復健康或維持健康來說，都是好的，可收事半功倍之效。

靜心有什麼好？

練習靜心，我慣常採取的姿勢是單盤靜坐。但依外在環境、自身條件而言，盤腿不是絕對，權宜找張舒服的椅子坐著也可以，重點在心能靜，身心靈皆能放鬆。另外還有動態的靜心，留待後頭詳述。

若把靜坐靜心納入治療疾病的輔助療程中，研究指出，可收到的效果包含為患者減輕心理壓力，並改善由壓力引起的諸多不適症狀，其他還有像是降血壓、改善動脈彈性、抑制癌細胞增生、減緩焦慮與抑鬱、改善失眠，並讓疼痛不再如此難耐。人在緊張緊繃時，對痛的感覺會異常敏感，所以有經驗的醫護人員多半會都有一些轉移病人注意力、舒緩緊張的小撇步，以利療程順利進行。像我們診所在做膝蓋ACT療程時，會請患者手握馬卡龍彈力球，或讓醫護人員跟病患說明術後狀況分散注意力，讓他們不要老盯著自己的膝蓋，越看越緊張。

如果你真的很怕痛，看到針就暈，記得，越怕是越痛，這時候你可以有意識深呼吸，等於在給身體下指令，深長緩慢的深呼吸，是令身體放鬆最快的方法之一。本書足足一年份五十二周的靜心練習，也有助於提升對自己身體的掌握度，相信你能從中找到最適合自己的方法。

另從預防醫學的角度來看，日常練習靜心，有效穩定自律神經，讓油門作用的交感神經與煞車作用的副交感神經，互助互用、合作無間。改善交感神經太過強出頭的偏差現象，以和緩過度激昂的心跳、紓解超標的精神壓力，提升免疫力，降低多種難纏疾病好發的風險。

靜心還能使大腦轉化、調節情緒的功力增強。學會靜心的人，會悟到原來各種喜怒哀樂都是無常。心夠靜，便能任其來來去去，不被自己的情緒給綁架，也不會受制於他人情緒的勒索。即便一時間受困於某種悲慘情節中，也能很快抽身、脫離窘境。靜心增強個人轉化能力，念轉運就轉。比方說人在暴怒時刻，特別容易錯下判斷，於談判桌上被激怒，肯定損失慘重。經常練習靜心，便能在這樣的關鍵時刻幫你復原理智線，避免低ＥＱ情緒失控使ＩＱ降低的狀況。靜心在調節腦波、幫助自我實現上，也有良好的貢獻。靜心初始，焦慮激動的高速 β 波可逐漸降低為放鬆但注意力集中、充滿創造力的 α 波。繼續修煉進階到 θ 波，覺察力、覺知力、了解自我、感受快樂的能力都會增強。創意工作者、文字工作者、藝術家練習靜心尤能受益。勤快練習幾周後，即有機會得到「放鬆而專注」、「靈感源源不絕」的體驗。

我的靜心日常

就我自身的經驗而言。靜心是在練習從「無我」和「利他」的角度去放鬆，重點是了悟實相、令身心靈重返平衡。每天練習靜心後，我發現我維持心平氣和的時間更長了。不但身體大部分肌肉呈現很舒服的放鬆狀態，呼吸也比較深層綿長，利於氣血到達全身每一個小角落。很多人都問，「醫生看上去比實際年齡還年輕很多耶，是擦什麼保養品？」老實說，除了小分子的食用油外，也沒擦什麼別的了。我想，臉部自然而然容光煥發，可歸功於每日的靜心功課。靜心還我好氣色，這是我一開始沒預料到的小驚喜！

肌膚若出現黯沉、黑紫、色斑，很大一部分原因在於淤積、缺氧或排毒代謝異常。再告訴你一個祕密，動不動就生氣的人，一張漂亮的臉蛋，經常會因毒素上逆，而變成花花臉，要塗很厚的底妝才遮得住。想要有「好面子」，一先戒掉怒火，再來就是靠靜心，啟動微循環。

不知你是否曾遇過一些氣場特別好、特別親切、令人如沐春風的「高人」。能有這般穩定祥和的氣質，裝是裝不出來的，什麼化妝品也都沒用，只能通過心的修煉。

我喜歡在唐卡前練習靜心，望著藥師佛或綠度母，專心一意觀察唐卡上的每個細節，然後讓佛菩薩自然而然在心中浮現。當腦海中畫面不完整時，再度仔細觀察唐卡，直到佛菩薩，以及他們身上所有的配件配飾與周遭的背景，祥雲、藥用植物等吉祥圖案全然顯現出來為止。這是一個很好的靜心練習，讓我雜念不起，不受情緒干擾，過去的事、未來的事都不如眼下的觀察來得重要，因此還能幫助我確實活在當下。你可以選擇與你最相應的佛菩薩做觀想，又或者覺得聖母瑪利亞特別親切就觀想聖母馬利亞。若無宗教信仰，不妨試試像德瑞莎修女這類天使一般、具備利他特質的好榜樣。又或者是一張美麗的大自然風景圖、你喜歡的畫作，也都能拿來做靜心練習。

02

不生病好命人養成特訓班

我們很習慣二元對立的分別法，因為去分別正邪、高低、美醜、敵我、冷暖、香臭、光明和黑暗、喜歡和不喜歡、快樂和痛苦、有用或無用，似乎比較容易建構出我們周遭的世界。最容易看懂的電影，不就是那種好人站出來男的帥女的漂亮，武功高強還打不死，而壞人呢？更好認，要不畫黑眼線要不穿黑衣服，一副陰冷邪惡的樣子，那就是壞人。

但你心裡其實是知道的，人遠遠不止好人壞人那麼簡單，沒有絕對的好人，亦沒有絕對的壞人。所謂好壞，都會因觀察者的角度而改變。對秦國朝野來說，秦王政是一統江湖的強人，但對六國舊主而言，秦王是害他們國破家亡的壞蛋。實際上，哪裡有什麼好與壞，不過都是出於心的投射而已。心裡想他是好人，他就是好人，心覺得他壞，他就壞。

二元對立的分法，是種方便，也是種侷限。事實上，這一切的一切，只是神經訊息傳導到大腦的投射，並不是真的。我們眼睛看到的一切、舌頭嘗到的一切、大腦接受到的一切，如夢如幻如露亦如電，它們並不是真的。

那什麼才是真的？一體性是真的！沒有對立是真的！一切原來都是一個整體，一個一。了解這個概念後，應用在處理疾病上頭。我們會發現，原來疾病它可以不要是個「壞人」，疾病也可以成為「好人」呢！

疾病是最好的健檢師

起初，我們賦予疾病「敵人」、「壞人」的角色，所以用燒的、用剜的、用電的、用割的，甚至用毒的，想盡一切折磨辦法逼敵人就範、乖乖投降。可是，這些所謂的「敵人」投降了嗎？沒有！它們變種、進化成更強大的敵人，迫使人們使出更激烈的手段來對付它們。因為人心中有恨、有惡意，疾病回應你的心、應觀眾要求，便展現出可恨、不懷好意的樣子，反過來折磨你。

後來，我發現，疾病根本就不是敵人啊！你要它當好人，它就很好，對人很有益處，它是好朋友，也是最高明的健檢師。醫界老前輩曾提醒我，「邪之所在，皆為不足。」這裡的邪，意指疾病。幾番思量，這句話應該這樣來理解，「疾病顯化之處，就是人最需要去補強修整的地方。」

可不是嗎？當我們不再賦予疾病「敵人」的角色，而認清它是我們的「健檢師」時，奇蹟就出現了！通過疾病的暗示明示，重新把目光放回忽略已久的所在。去關心是否不足或太過，於是去補或瀉，去重新調整生活型態與作息、取得平衡。然後神奇地就痊癒了！疾病完成了它健檢師的任務，就沒必要存在，它便會消失。

有個人消化不好、胃口不好、浮腫虛胖、常拉肚子。若把疾病視為敵人，難免會想用彈弓、手槍、火箭炮來打看看，亂槍打鳥，把手上武器都試過一輪，看看哪種可以消滅它。胃不好吃胃藥、覺得自己胖就吃減肥藥、拉肚子吃止瀉、水腫又猛喝綠豆水，聽說消化不好要吃酵素，一天又好幾包……我常說「要當自身的良醫」，不是當自己的庸醫，亂吃一通，哪不對勁吃哪，這樣可不行！看到黑影就亂開槍，往往傷的是自己的元氣、免疫力和自癒力。用錯誤的方式想消滅「敵人」，那「敵人」根本還越挫越勇嘛！

換個角度定位疾病，把它當成好朋友，去聽懂消化不好的弦外之音。一方面回頭省察自己的生活習慣，於是發現，因為要顧店的緣故，天天久坐，然後坐著無聊，就拿零食、手搖飲料喝著吃著，於是疾病就透過腸胃顯化出來，告訴你不要再這樣了。針對這個個案，真正有效的處方是「每天至少走五千步，把隨手可抓的零食收一收，換成香蕉、藍莓這類原型食物。」結果什麼藥都不用吃就好了，腸胃再也不會鬧脾氣。認不出疾病的健檢師身分，以為它是要來害你的，這樣就很可惜。看健康，要看整體，不能只看局部。

一流的健康人都是怎麼想的？

一流的健康之人、那些不生病的好命人，不是天生就如此無敵、有超強金光罩護體，他們其實都默默做了許多「預防」的工作。菩薩畏因、凡夫畏果，一般人得了病、被檢查出什麼指數異常，才在那邊擔心害怕緊張，大多數人非要到了身體不舒服時，才變得很乖很聽話，菸不敢抽、該運動就運動，這就有點顛倒因果了。不生病好命人心裡想的跟菩薩一樣，總是慎重地看待起因，慎始，只做對自己好、對他人也好的事。一流的人不是不會生病，而是他們像「春江水暖鴨先知」的那隻先知鴨一樣，特別看得懂預兆，既聽得懂身體的提醒，又不肯做傷害自己的事，自然看上去，就好像不曾生過病一樣。

預兆是什麼？以前不懂看預兆、看不清原因，不用擔心，有心想學，你一定能成為很好的「健康先知」，就用這本書當作起頭吧！本書是一本「預防之書」，教你靜心、看懂預兆，並且妥善開發「心」的力量，秉持正見正思維正精進，止惡修善，來獲得健康、維持健康。透過心念的轉換，扭轉命運、轉化體質，不與疾病為敵、不與自己為敵、不與他人為敵，成為真正無敵的「不生病好命人」。

03 本書有四種使用方法

我認為健康的目的只有一個，但養生的方法卻有千千萬萬種。依照個人稟賦、習性、體質、生活環境的不同，沒有說誰非要採用哪一種不可。找到適合自己的方式，認真去做就可以了。同理，看書這件事，有人時間多有人時間緊，有人專注力強有人興趣多元，有人偏好詳盡有人很會舉一反三。所以我寫的時候，章節安排特別設計過，你可以嘗試用以下四種方法使用本書。

第(1)種，傳統閱讀法

就像百分之九十九的書一樣，你可以從第一頁翻到最後一頁。按順序，從頭看到尾。比起睡前滑手機，改看書，可能還會好睡一些！這本書超過十萬字，夠你睡了，喔不是，夠你看了。

第(2)種，雜誌型閱讀法

我認識很多聰明的處女座，他們很可以同時做兩件以上的事情。我想，要這樣的人乖乖從第一節看到最後一節，恐怕很無聊。所以這本書雖然長得像書的樣子，但你也可以用翻雜誌的方法來看它。挑有興趣的跳著讀。篇章雖連貫於一個靜心的核心價值，但也篇篇獨立，可單獨閱讀。

第(3)種，解答之書隨手翻

我們身處的這個世界非常有秩序，簡直就像軟體工程師寫好的程式一樣，太陽底下各事件發展看似紛雜，但背後都有一個相同的公式，能推算的出來，難怪很多人都感嘆「太陽底下沒有新鮮事」。數學、古典物理學家描述世界，最厲害就是能用一個簡單公式來說明極為複雜的現象。

假設我們都是遊戲軟體中的一個角色，像是電影《駭客任務》那樣，類似一個程式碼般的存在，那這樣，只要知道程式寫成怎樣，現在是什麼狀況？後頭又會如何進展？大概八九不離十都能知道。我認為對於宇宙這個「程式」的描述，最精確的是《易經》，它用六十四卦精確說明了萬事萬物如何消長起伏。比方說月亮盈虧圓缺，由新月、娥眉月、上弦月、盈凸月……漸漸地發展到滿月，接著又虧凸月、下弦月這樣，慢慢消滅，為一個循環，到達殘月時，又開始準備進入下一次新的循環，總之就這樣起起伏伏不斷循環。聰明的人觀察了天體，於是就開始想，人生是不是也存在著這樣有跡可循的循環？答案是肯定的！於是用《易經》中的卦，解出了某人正位於他人生的某階段，而下一階段會怎樣，就像滿月之後是虧凸月，也就大概知道了。而在西藏，描述天體與人體運行規則的，要屬《時輪攝略經》最為詳盡。以上，不論是要精通《易經》或是《時輪攝略經》，都需要一些條件，有興趣的人可以花時間去研究。

現在，直接來講應用。類似從《易經》中尋找方向，你可以替自己發問，自己找出答案。跟現在很流行的一本《解答之書》用法一樣，當你自覺受困、對人生充滿問號時，找個安靜無人的地方待著，靜心想好問題，一次問一個問題，隨手翻一篇，答案就藏在文字中。能充當臨時人生錦囊的，為本書第二章。怎樣看有沒有成功？若你翻出的那篇，有回應到你的狀況，就OK。若沒有，則需要調整問問題的方向，再翻一次。若試了幾次都不成功，代表這個方法不適合你，就不要浪費時間了，把它當一般書來讀即可。

第(4)種，送禮送到心坎裡

幸福、健康的關鍵，在於「利他」。你我就像是因陀羅網上的一粒寶珠，沒辦法獨自璀璨，只能讓你好、我好、大家都好，這張網才能是漂亮的。《華嚴經》上提到的因陀羅網，鋪天蓋地網羅十方世界，於線與線相交之處各結一粒寶珠，珠珠的數量多到難以估計，而每粒寶珠又倒映出整張網上其他所有的寶珠。彼此息息相關，相互依存，牽一珠而動全網，因此只能共好，不可能有哪一粒能獨自美麗。

送禮送健康最好，這本書的第四種用法，即是把它當作禮物書送人。將你良善的心意連同本書的祝福一同包好，送到你希望他能過得更好的人手中。讓你好、我好、所有人共好，如此，我們身處的，即是最好的世界。

Chapter 2

固本培元，健康資產
周周存好存滿

五十二周的修煉——健康如同財富，關注它你才能擁有它

心靈的種種感知、種種活動，對身體健康影響之巨，出人意料。你知道嗎？光是心裡想著「老」這件事，不誇張，用不著三秒鐘，你的身體馬上與之呼應，眞的老給你看。一項紐約大學發起的心理學實驗，找來兩組人，第一組爲實驗組，研究人員請他們看像是「皺紋」、「古老」、「灰色」、老人愛玩的「賓果遊戲」，以及養老勝地「佛羅里達州」等與老年人有關的詞彙。另一組人爲對照組，他們的字串裡，則完全沒有與老有關的字眼。受測者處理完這些字串後，以爲實驗終了準備離去，但眞正的好戲才要登場。受測者被引導搭電梯離開前，需穿過一個走廊。而研究人員暗暗記下每個人到達電梯得花多長時間。結果接收到與老相關訊息的實驗組，一下子彷佛老了好幾十歲，緩步如老人，竟比對照組花了更長的時間，才坐到電梯。

心念影響個人行爲，而個人行爲的積累，決定個體健康與否。我聽過很多的擔心，「家族不少人死於心血管疾病，就是不好的基因嘛，我心臟不好，你們不要隨便惹我生氣。」「哎

呀，我家很多長輩都有糖尿病，我老的時候也一定會得。」其實不一定喔！能去了解自我體質與各種醫學知識，很好，但千萬不要自己嚇自己、落入病態迷思中，使自己離病床越來越近。

沒有說家人怎樣，自己也一定會「被遺傳」。雖說人終究會老，但並非所有老人都會生病，都是走路慢慢的、老態龍鍾那樣。人會老，但可以老得很精神很優雅，並非所有人都會被外勞推去公園晒太陽啦！用不著預先幫自己的未來寫下悲慘劇本，買房子買在醫院旁、輪椅助行器先買好備著，都沒必要。本書最重要的目的之一，就是要預防悲劇，透過靜心轉運，將結局大逆轉成精彩喜劇，使你我皆成爲不生病好命人。全球醫療專家統計，醫療院所對疾病復原的助益只有百分之二十五，剩下的百分之七十五其實是靠病患自己痊癒的。本書即是從這關鍵的百分之七十五下工夫，提示你該從何著手，幫助自己發揮得更好。即便深受疾病所苦的人，也無需沮喪，用對方法，即能重新找回身心靈的平衡，阻斷惡化並朝復原的方向前進。

投資圈有句話說：「你不理財，財不理你。」健康如同財富，道理也相近，唯有透過正向的養生智慧來關注健康，你才能確實擁有健康！接下來將有五十二則長壽練習、幸福練習，每周一主題，周周存健康，剛好一年份。重點皆圍繞在核心價值「靜心」，進而發展出各種修煉法，其中有些修煉法是透過轉念來轉化體質、激發自癒力，而有些修煉法涉及身體的實際動作，反向以身修心。期待你一年後，與最高版本的自己相遇！

01 自己的電自己充，長壽練習

談到長壽練習，有人跟我說：「醫生，可是我不想活這麼久耶，可以不用練習嗎？」病人講得是狹隘的長壽，她以為我要讓她活到老老地、皺皺地、手腳都不是很靈活那樣。恰恰相反，我這裡談的是積極意義的長壽，預防醫學想要提升的是「健康預期壽命」（Disability Adjusted Life Expectancy，DALE）。意思是人類能維持良好日常生活功能的年限。最理想的狀況是，到人生畢業前，頭腦思緒、關節肌肉，都如年輕時一樣好用，我認為這樣的長壽，才有實質意義。

人活幾歲才「夠本」？

人究竟能活到幾歲？向來是生物學家、醫學界熱議的焦點。以細胞衰退學說來看，學者認為人體細胞到三十歲完全成熟後，即開始衰退，平均每年下降百分之一，一百年剛好完全衰退，由此推算一百年加三十年等於一百三十歲，活到一百三十歲算是合理。

另一種也有很多人支持的細胞分裂說，指出人的一生細胞要分裂五十次，平均每二．四年分裂一次，兩個數字相乘，推算出人可活到一百二十歲。西藏講述天體、人體運行規律的《時輪攝略經》認為，按照宇宙原先的設計，人體的器官使用期限應該是一百年。中醫在探討人類壽命的極限時，提到了懂得養生的上古真人，可以「盡終其天年，度百歲乃去。」也說是一百年。

然而幾個月前，世界衛生組織WHO發表的二〇一九年健康統計報告，全球人口平均壽命為七十二歲（這裡指得是實際壽命。臺灣醫療水準高，平均壽命已來到八十．四歲）。若談得是健康預期壽命，那甚至還不到七十歲。雖然全球從二〇〇〇年的五十八．五歲、二〇〇五年的六十歲，提高到二〇一六年的六十三．三歲（目前只統計到二〇一六），已有進步，但不論是實際壽命還是健康預期壽命，都離學者推算出一百三、一百二、一百歲的數字，還有一段差距。往好的方面想，我們還有很多進步空間。

這樣做，讓你活好活滿

究竟是什麼原因讓人無法活好活滿？造成「應該」與「實際壽命」之間數十年的差距，參考臨床上所遇到的案例，我認為主要可歸咎於以下幾個原因，包含大家工作太認真，已過勞卻不捨得休息。其次是環境汙染日益嚴重、人與自然的連結逐漸喪失，過敏、慢性疲勞、慢性發炎……慢慢侵蝕健康。另外，緊張緊繃、情緒不穩、心不能安，以至於喜怒憂思悲恐驚七情傷內、令生命能量失衡，也佔了很大一部分。

這一周，讓我們一起來重新整理好心靈與身體的紊亂，調配出專屬於自己的心藥，天天服用，轉禍為福。提供兩招作為大家的「長壽練習」。

◎**修煉不生病性格**：上古真人的養壽祕訣是，「修心不操心、靜心不煩心」。懂得養，即便先天體質不理想，也能靠後天調理來提高生命品質。西醫學界曾提出「易致病性格」，包含脾氣火爆、不善克制、遇事急躁、對人懷有敵意的A型人格，他們雖比任何人都有幹勁，但經常處於焦慮中、同時做兩件以上的事情、很難放鬆，因此也比任何人都還容易受心臟病所侵襲。其次是罹癌高風險的C型人格，C取自癌症（Cancer）的第一個字母。C型人習慣委屈自己以顧全大局，雖對群體和諧有良好貢獻，但個人過度忍讓、過度克制與壓抑，苦水都往肚裡吞，默默生著悶氣。心中的抑鬱一方面降低自體免疫力，一方面誘發各種癌變，對於健康極為不利。而與心血管疾病最有關連的D型性格特徵，常做負面思考、老是惴惴不安、懷抱壓力、朋友不多。雖善於獨處，但不善表達自己，總缺乏安全感。

知道自己的屬性後，避免某一類的性格發展太過，應有所取捨、取得平衡。少計較、少比較、多慈愛、多寬容。斷貪嗔癡，添福祿壽。不抱怨、不哀怨，常使人感受到幸福，也令自己快樂。雖然性格天生，很難完全改變，但我也不要你完全改變，變了就不是你了。只是希望大家平時靜心多留意，當憤怒、鬱悶、不安出現時，屬於可控制範圍？還是無限上綱到易致病的程度？預防疾病類似防洪洩洪，太多的，把它洩掉就好。

◎**日日閱讀，長知識開智慧：**先有資訊、知識，然後知道去執行，這就是智慧！在一項長達十二年的研究中，耶魯大學追蹤了三千多位年過半百的中年人，發現每天至少讀書半小時的人，比不讀書的人平均多活了二十三個月。不論男女、不管貧富貴賤出身高低，有讀書習慣的人，老年就是比較吃香。且不限於養生書，讀書對於機體健康有著多重益處。生存優勢來自於思考靈活的大腦，推理、專注力、同理心與社交能力的同步優化，這是研究人員提出的看法。我認為還有一點很重要，即是閱讀擴大視界，人變得比較願意包容差異，去欣賞人我的不同，因此自己心情上也比較輕鬆自在，這對於不生病好命人的養成，是很有優勢的。

再忙再沒時間，也要陪自己讀幾本好書。時間就像海綿裡的水，只要有心去擠，總還是有的。這一周，找時間去書店逛逛吧！案頭添書人增壽。

02

利他降致死率四成，助人者天助之

「祝我中兩百萬。」「等我中了樂透，我就如何如何……」「等到有人投資我。」「要是誰贊助我什麼，我就可以怎樣。」經常可以聽到身邊的人「在等」。等一個天上掉下來的禮物，彷彿只要「接收到」什麼，從此就能過著幸福快樂的生活。

事實上，幸福、快樂，甚至是健康，都不是因為「接收到」什麼才產生的！重點在於「給出去」。「施比受有福」這句古老的經典名言，可不是隨便亂講，美國密西根大學已用科學數字來證明它。學者調查四百二十三對中老年夫妻，結果發現，熱心助人，施以物質上的幫助，可使自己的致死率降低百分之四十二，而什麼實質上的東西都沒給，僅是施以無形的、精神上的支持，也能降致死率達百分之三十。有趣的是，接受到幫助的接受者，不管是收到實體的禮物或是話語上的祝福，不管收到什麼、收到多少，都對死亡率沒有影響。

索取者注定要悲傷

宇宙很奇妙，你怎樣對人，抱持怎樣的心念，決定你如何被人對待、看待。你處處苛薄、計較，別人也會拿同樣的計算機，對你錙銖必較。你大方、熱情、無私，隨手為善做得天衣無縫、讓人沒有壓力，自然而然，你總能在最需要的時候，獲得各種支援，沒有一次例外。

索取者、等待天降樂透彩金的人，注定要悲傷。因為你一直要、一直要，別人不一定會理你、宇宙也不會理你。要兒女回家盡孝道、要老闆加薪、要政府弄出一個經濟成長飛快的環境，光是會「要」，得到理想答案的機率，你知道的，微乎其微，因此我說，只是會要的索取者，注定要失望、傷心的。但如果想要給出去，那主控權就在自己身上啦！你想要贊助兒女求學、想要買飲料請同事喝、想要自己打拼一個事業、想要對另一半以及周圍的人發出關懷，誰能阻止你？沒有人能阻止你！甚至，整個宇宙還會聯合各種資源來幫助你。

亞利桑那州立大學社會心理學教授伊莉莎白·史格爾解釋利他的原理，我認為很精闢。她說：「若人大方、無私、付出關心，能把焦點從自己身上移開，避免自我的過度放大，焦慮與壓力能因此減輕不少。」意思是，不再執著凡事以「我」作為出發點，「我」想要怎樣、「我」需要被尊重、「我」需要被滿足，一直我！我！我！我！然後得不到「我」所想要的，「我」就生氣、「我」就很難過。

轉而成為施予者，就可以避開這樣的窘境。當焦慮與壓力減少時，作戰性質的交感神經也跟著冷靜下來，讓類似後勤單位的副交感神經有時間去做它消化、修復、再生的工作。如果你以前很喜歡提「我」，這一周，讓我們轉個方向，展開從「我」轉向「你」的嶄新旅程，體驗不同的人生風景。

想要什麼，就先給出什麼

從我轉向你，不是要大家把自我整個消滅掉，委曲求全這樣。個人特質、特色、天賦，是組成美麗多元宇宙的基礎。各種人就像彩虹，紅、橙、黃、綠、藍、靛、紫各種顏色，隨便拿掉一種顏色，那彩虹還能看嗎？

你當然可保留所有期盼，大大方方去實現自己的初衷、發展天賦。只要避免用「我」這個字為開頭，改用「你」。用對方的福祉當作思考起點。宇宙間有條規則很神奇，那就是「人我無別」，順應這個規則，能讓自己活得幸福快樂又健康！印度有位出家師父這樣說，「當你要求被愛時，你可能不會被愛，但你想愛別人的話，誰都不能阻止你？」你餓，就先請人家吃好料。你想有財，就先讓別人賺到錢。你想要身心靈平衡，就先幫助人得到健康。你想要的一切，先無私給出去。

第(1)步，先停止一味地索求。

第(2)步，將己所欲，施於人。

這周要練習的就這麼簡單，就這兩步驟而已。不管有形的贊助或無形的情感、言語上的支持都好，講出令人得到安慰、免於恐懼的話語，也可以算。這一周，練習來當個「施予者」。

03 去原諒一個人，釋放怨氣遠離癌症

根據衛福部統計，國人十大死因排行榜第一名為惡性腫瘤（癌症），多集中於五十五歲以上之族群，占八成五。而癌症中最具有殺傷力的前三名，又分別是肺癌、肝癌，以及結腸、直腸、肛門癌。除了這幾種，肺腺癌、血癌、腦瘤、淋巴腫瘤的癌變也是相當難纏棘手。

癌變的起因十分複雜，可能來自於遺傳，也可能由外在因素造成的基因突變所導致。比起兒童的癌，成人罹癌還多了一項「生活習慣」因素，意思是麻煩是日積月累、自己找來的。不良的生活習慣包含久坐不運動、飲食偏好精製加工品、酗酒不知節制、餐餐大魚大肉不食蔬果、過度依賴營養補充品，以及長期處於高壓環境中又無從排解等種種因素，都會增加罹癌風險。

演講時，我問大家平常如何預防癌症，有人回答「多走路、吃原型食物、睡好睡飽」這個沒錯！也有人自豪自己「很認真排毒，看到可疑毒物，就避得遠遠的」排毒有必要，但一見黑影就開槍，老是疑神疑鬼就沒必要。另外有人聽聞罹癌將承受巨大痛苦後，直嚷嚷「回家馬上

把酒都給倒了。」這就太誇張，多數人要戒的不是酒，該戒的是狂喝亂飲的習慣。改以品味的方式慢慢喝，酒亦能成為成就健康的助緣。

心毒難捉摸，傷人於無形

以上，是大家比較有概念的，所以多半都會趨吉避凶，盡量避免。現在來講講大家比較不熟悉的心毒。

心性、情緒上的毒，因為看不見、摸不到，特別容易被忽略。以前在大醫院的時候，我會去觀察不同科別的候診室，發現裡頭的病患經常擁有類似的性格。比方說腸胃出狀況的，在性格上多半容易緊張、焦慮。事實上，我們的胃比任何器官都還「細膩敏感」，特別能感受到主人的心情波動。你緊張、胃就一縮。你壓力大、胃跟著吃不下飯。你沒辦法靜心、胃也替你著急，連分泌消化液都顧不上了。其次，行事極講究效率、容易暴怒、不耐久候的人，也自成一族群。他們心血管負擔往往很大，遇到突發狀況、不合己意的狀況，血壓立刻狂飆。這類型的病人，到心臟科報到的特別多。

但以上兩種，都還不是最嚴重的，頂多腸胃、心臟容易感到不適。真正達到「完全消滅免疫機能」、「修補DNA能力下降」這樣程度的，是下面這種「氣鬱不解」的類型。

轉化癌型性格，無病一身輕

之前我受邀上一個談話性節目，說到罹癌，幾位專家們聊得熱烈，甚至提供親身經驗。大家驚訝地發現，乳癌、肺腺癌這類在出現在胸腔的問題，患者似乎有個共通點，那就是「心中存在一個無法原諒的人」。有股惱人的怨氣鬱積在胸膛，一直無法排解，積著積著，就積出病來。

容易罹癌的C型性格人（C取自Cancer第一個字母），往往會為了維持群體和諧，傾向自我犧牲、委曲求全，但又不是真正心甘情願（真正心甘情願的反而不會有病）。C型人對於自己的犧牲，感到鬱悶、憤恨不平，不知不覺便陷入慢性壓力的泥沼中，渾然不覺，當然也就無法自拔，進而嚴重干擾到身體的自律神經與免疫系統運作。一開始是不好睡、想罵人（但不一定會罵出來）、怨天尤人覺得自己很衰，然後氣結氣淤越積越嚴重，以至於感到胸口悶悶的、特別不暢快。大概會有這些徵兆。

若非外來疫毒、風邪來犯，身體上顯化出來的種種疾病，非常可能是心毒的軀體化呈現。若屬於這種情況，身體的免疫、代謝系統要不要好好發揮功用，最終決策權其實在自己心上，而不在醫生手上，罹癌或者是離開癌症，病人的心態才是最重要的。心裡存在著消沉、厭世的感覺，你知道嗎?免疫細胞們都會感同身受!你的沮喪、失意，連帶打擊了他們為你糾錯、消滅病毒、圍剿癌細胞的士氣。

因此，我認為終極的癌症預防，除了排除外在環境之毒、排除個人不良生活習慣之毒，「釋放心裡的毒」才是轉病為福的致勝關鍵。

本周心的功課：倒垃圾

儘管過錯可能是別人的，但如果你去罵他、怨他、惱他、恨他，由此所衍生出的種種毒，肯定是自己要承受的。等於在用他人的過錯，懲罰自己，讓身心受罪、生病，這相當不划算耶！

這一周，繼續來愛自己。認真打掃堆積在心中的陳年之毒，深呼吸，一吐不快之氣，把積在胸口的鬱悶，大口大口吐掉。試著去放下，去原諒一個人，把心中的悔恨、怨氣、不甘心通通丟掉，像倒垃圾一樣丟掉。一旦心輕鬆起來，身體會有感覺，也會變得柔軟。試著去原諒一個人，不為別人為自己，為了去感受那前所未有的放鬆與平和。過去讓它過去，未來還沒來就不必擔心，安心活在當下每一刻的幸福中，即是最好的癌症預防。

原諒、放下。學一分退讓，增十分福氣，正所謂「心慈者，壽必長。」

04 觀想光與水，做自身的良醫

「觀想」是西藏出家人必修的課程。年幼時我曾出家兩年，日日跟著師父靜坐、觀想，深深受益。觀想有什麼好呢？若將觀想作為一種心的修煉，能藉此學會禪定、專注、正念、綜觀一切的本事，化解因錯誤見解而產生的諸多煩惱。

簡言之，就是讓我感受到人生很美好。

觀想不只能轉化心情，讓你變成更好的一個人，事實上，它還真的能提升個人表現！有個觀想實驗很有趣，學者請受測者觀想舉重，光是用想的沒有真的舉，受測者手臂的負重能力立即激升百分之十三。

不少諳熟此道的西方運動好手，也習慣在賽前「觀想」一番，調伏自心後，能輕鬆突破瓶頸，並將個人潛能發揮到淋漓盡致。

觀想的療癒性運用

既然透過訓練自己的心、整合身心靈，能讓每一分力量，都獲得效能最佳的運用，進而提升個人表現。那有沒有辦法，也透過心，來醫治自己身上出問題的部分？答案是肯定的！

科學證實，人的心識與身體免疫力是相通的。心情焦慮不安，壓力賀爾蒙隨即釋放，抑制免疫系統工作，若再加上其他外因，人就病了。舉凡「灰心」、「了無生趣」等心緒，看似無形，卻實實在在影響到免疫細胞活性。

我的目標是讓大家都成為「不生病好命人」，要達成這個目標，首先要照顧到你的免疫細胞，讓他們恢復生機、認真為你的自癒力打拼。本周，我們要透過觀想，訓練你成為自身的良醫。以下提供「光的觀想」與「水的觀想」兩種形式。你可以都先練習看看，然後挑一個自己喜歡的，在這周盡量熟練、精進、內化，以備日後不時之需。

光，最受歡迎的觀想物

在西藏，藏醫能引導人們透過心靈觀想的療癒力，解決情緒失控與身體能量失衡的問題。

我的作法是，我會先有一個觀想對象，通常是藥師佛。你可以觀想任一位與自己契合的神。若無宗教信仰，可觀想宇宙，讓宇宙成為你的力量來源。

決定好觀想對象後，做幾次緩慢深長的深呼吸。觀想療癒之光自你的力量來源，源源不絕散發出來，進到你的身體裡面，為你打通血脈、潤滑關節、放鬆肌肉。這道光，把病菌、毒物切割成最細小的微塵，並透過呼吸、流汗或排泄的方式，離開你的身體。

這道光，還能淨化體內無形的毒素，如同陽光一照，森林裡的瘴癘之氣瞬間消散一般，這道流貫全身的療癒之光，能將一切病氣、濁氣、怨氣，化於無形。若感覺身上有哪個部位特別不舒服，你還可以引導這能量之光，到需要被呵護照料的部位，加強掃除病氣。

觀想光，隨時隨地都可以練習。三、五分鐘後，你便會感覺到詳和、寧靜、自在與放鬆。如果你喜歡這樣的放鬆，可以按照你的心意，自由延長觀想時間。

水，洗滌身心靈的觀想物

僅次於光，「水」在西藏，是第二受歡迎的觀想物。藏傳藥師佛的形象，手持一缽甘露，這甘露畫成水的樣子，象徵能治癒萬千疾病的寶藥。觀想水、藉水來提升自癒力，我認為，甘露是很理想的觀想物。現在，你想像有一種能讓疾病痊癒、心靈淨化的萬能藥水，名為「甘露」。自虛空而來，從頭到腳洗滌你的病氣，洗淨你全身。如果發燒燥熱，可以想像這甘露之水是清涼的。如果畏寒發冷，則想像這甘露之水像北投的溫泉一樣，暖身又暖心。

甘露淨化你的血管，帶走一切汙垢、帶走壞的膽固醇、帶走血液裡的重金屬與陳年積毒。連最細小的微血管，都一併沖洗乾淨。甘露流經你患病之處，柔情似水，帶來最溫柔的慰藉。甘露也在你的腦中、心中，激起陣陣漣漪，所有怨恨、憂愁、不安與不甘心，都隨著漣漪往外擴散淡出，最終消失不見。

若有特別不舒服的部位，也可以多觀想幾次、多洗幾次，直至你覺得舒暢、快活為止。

關於姿勢

「盤坐」當然是我的第一首選。找個安靜、光線不要太亮的地方「平躺」也可以，這是西方心理治療師偏好的姿勢。若外在條件都不允許，也無妨，能有張椅子便可，甚至等公車時站著也可以做。能在世俗的喧囂中覓得內心世界的寧靜，更是厲害。如果有心練習觀想，那麼，一切逆境都將成為你的助緣。

05

一個人最大的不幸，就是不愛自己

很多朋友跟我抱怨，「對孩子付出很多，但孩子很不懂事，對長輩連基本的禮貌都不懂。還不如養隻狗。」一心想嫁人的女孩子也很無奈，「老遇到不對的人，看姊妹們臉書上的放閃照，怎麼大家結婚都那麼容易啊？老天真是不公平。」抱怨同事、抱怨主管、抱怨外在環境不優，自己彷彿被孤零零的丟在這地球上，每天醒來都沒有好事。真是悶啊！

小心！抱怨跟吸毒一樣上癮

究竟是從什麼時候開始，陷入事事不如意的詭異循環裡？我想，大約是在「抱怨」不知不覺變成習慣的那一天開始。

抱怨這檔事，跟吸毒一樣，都有很類似的成癮性。一開始的甜頭，令大腦誤以為毒品是「好東西」，於是開始不斷不斷重複吸毒，直到沒毒可用就渾身不對勁、吸到上癮為止。抱怨也很類似，剛開始也能獲得短暫的好處與關注，大家會順著你、聽你說、設法安撫你，讓人誤以為「會吵的小孩有糖吃」，而越抱怨越起勁。小心！過了臨界點後，抱怨之魔的反噬，會叫人加倍奉還。

有位媽媽經常抱怨腰酸背痛，跟子女訴苦，小孩也挺孝順，送來各種按摩器材、消炎藥、電毯。媽媽嘗到備受關心的「甜頭」，竟沒想到要去找出真正令她腰背不適的原因，反而抓住機會就跟人抱怨身體不舒服。到後來不只腰酸背痛，還手麻、腳麻、頭痛、頭暈、四肢乏力。越抱怨，症狀越多，又有越多可以抱怨的內容，這樣惡性循環了許久，著實讓身體多吃了好幾年苦頭。其實這位媽媽並沒有大病，所有不適皆起因於姿勢不良久坐追劇的緣故。在她改掉整天坐著看電視的習慣，每天健走一、兩萬步，外加幾次促進全身循環的療程後，什麼毛病都沒了。「原來這麼容易就可以解決，醫生你怎麼不早說？害我這麼辛苦。」她又開始忍不住嘀咕埋怨。「哎哎，別老是怪東怪西，把抱怨的時間省下來走路，妳早就可以環島七圈了吧！」我開她玩笑。「對啦對啦，『只有享受幸福的時間，沒有抱怨的時間。』我都有看你臉書喔！」身體輕鬆，她整個人心情也跟著快活起來。

只會抱怨容易讓人看不清真正的問題點，還會使人陷入「自己十分不幸」的幻覺中。總將注意力放在不好的事情上面、不斷挑剔、不停抱怨，也很容易吸引厄運接二連三降臨，讓人離真正的幸福快樂越來越遠。那麼，怎樣才能召喚幸福之神降臨呢？

享受幸福的條件

幸福跟健康很像，這兩種東西，都不會憑空掉下來喔！至少，不會掉在愛抱怨、自怨自艾的人家裡。那些擁有健康的一流人，其實做了很多努力耶！他們努力了解自己的身體、持續吸收醫療新知。一流的人對自己身心靈的平衡，盡了義務，想當然耳，他們有權利充分享受健康所帶來的便利生活。過得比誰都快活，也只是剛剛好而已。

幸福也一樣。想要擁有它，你必須盡義務！什麼是獲得幸福應盡的義務？就是對自己慈悲、珍愛自己。人必自重而後人重之，同樣的，人必自愛而人人愛之。唯有處於幸福狀態的人，才會被愛。

懂得愛自己的長者，根本沒心思去為難別人，更沒時間拿自己的「不幸」去情緒勒索子女，好日子過得好好的，兒孫看了也高興，回家變成很幸福的事，而不是充滿壓力想逃避的事。懂得愛自己的人，把自己整理得很好，既能分享快樂，也能解除他人痛苦。即便不說話，他的存在，就是一個發散祥和穩定磁場的基地台，讓人不知不覺想靠過來。

若覺得人生好難好苦，那還真的會「心想事成」，一路受苦受難下去，即便是鳳凰命，連麻雀都能往你頭上撒尿。覺得自己沒有價值、孤立無援、不能獨立、會被拋棄、能力不足、配不上誰誰……？其實這些都是荒謬的幻覺，這些都是套在閃亮亮靈魂上的醜惡面具。

靈魂本身是一個愛的載體，能接受愛意、善意，也能發散幸福和快樂。忘記了如何去感受愛？沒關係，慢慢回想起來就好……。

這一周的靜心功課，就是「停下抱怨，突破種種不幸的幻相，恢復自己的本來面貌。」還記得嗎？你曾是閃亮亮的靈魂、身旁有很多與你契合的夥伴，你既能享受他人陪伴，也能自在獨處自娛自樂，你無所不能、想去哪去哪、想做什麼就能做什麼。舉世無敵、舉世無雙，既獨一無二，且沒有任何敵人。你是一個被幸福充滿，且有能力發散幸福的基地台。請好好珍惜如此可貴又值得被愛的自己！

06 不覓仙方覓睡方，靜心睡好睡滿

關於自己的身體，二、三十歲，大家聚在一起喜歡聊減肥、聊運動。三、四十歲以後，話題漸漸轉向養生，我常受邀到各地談身心靈健康、談預防醫學，其中「失眠怎麼治？」始終是很熱門的話題。在臺灣人，有失眠經驗的人太多太多了。平均每四人，就有一人曾經輾轉難眠。隨著社會型態轉型，日出而作日落而息的勞力工作，逐漸轉向幾乎二十四小時不打烊的腦力工作，失眠這毛病，如今已提升至慢性病層級。超過一個月的，就叫慢性，全臺約有兩百六十萬人慢性失眠。

長期睡不著、睡不好，「會累一點，但應該沒什麼關係吧！」「真的很久沒睡時，跟家人拿半顆藥就能睡了。」這話不能亂說、藥也不能亂吃！吃多了怕越吃越重。我診所裡有很多來治療睡眠障礙的，藥吃到頂了，卻再也睡不著，到頭來還是要找其他方法。那為何不一開始，就用不傷身的方法來解決睡眠的問題呢？就不用白白吃那麼多藥了啊！

所謂，吃藥十帖，不如好眠一夜。人每晚若能有二到四小時深層睡眠，白天細胞受損的部分，會在這時自動被修復。睡得好，比吃什麼補藥或營養補充品都來得重要！這一周的靜心功課，就是練習讓自己睡得更好。請參考以下好眠 Checklist。

◎**檢視日常用藥**：但凡藥物皆有副作用，有的副作用會讓人在床上「煎魚」，整晚翻來覆去。我遇到一些個案，便是因為服用降血壓藥、抗憂鬱藥、利尿劑、調節心律的藥物後變得很難睡。屬於這種狀況，請與醫師商議用藥的必要性與換藥的可能性。

◎**白天喝足夠的水**：英國一位睡眠治療師囑咐病患，睡前喝少許水或花茶。為什麼要這樣喝呢？因為身體缺水，也是造成淺眠、睡睡醒醒的原因之一。人體缺水，各種分泌物、荷爾蒙的組成將會有困難。而其中一些與精神安定、睡意的產生密切相關。

◎**促進全身循環**：抽筋痛醒、異常的血糖血脂血壓干擾睡眠，凌晨三、四點醒來就再也睡不著的失眠，可能都與循環不良有關。循環分兩種，一種是氣，一種是血。氣的部分靠靜心、管理情緒來調整，睡前宜做令自己愉快的事。血液的部分靠日常保養，走路、排毒、保持體溫……多管齊下，同時顧好血液、循環和血管彈性。

◎**晚餐吃七分飽**：睡睡醒醒的失眠常由腸胃不適所引起。晚餐吃得太晚、太豐盛，雖然進食後覺得昏昏沉沉，似乎很有睡意，但腹脹胃滿，反而不利深度睡眠，且睡眠易中斷。晚飯最多七分飽，不能再多了。

◎**找出自己的舒眠好食**：香蕉、優格、蜂蜜是我的助眠三寶，我發現每次只要吃到這三樣東西，總能一覺到天亮。因減肥節食造成的失眠，菜單上宜加入鮭魚、酪梨、堅果，或直接喝亞麻仁油、橄欖油、苦茶油這類不飽和脂肪酸含量高的好油。有助於穩定神經系統與健全細胞膜，間接排除掉一些可能導致失眠的因素。

◎**又油又辣晚上少吃**：吃對了輕鬆好睡，吃錯了徹夜難眠。晚間應避免攝取過量的酒精、咖啡因、維生素B群，以及辛辣、油膩、糖分高、化學添加物複雜的食物等。能量飲料的咖啡因含量偏高，可能喝兩小罐就超標，而有些藥物中也有咖啡因成分，應避免多重攝入。

◎**確保臥房為睡眠聖殿**：現代人雜事多，日理萬「機」，手機、電視機、遊戲機、電腦、平板不離手。想擁有精質睡眠，睡前幾個小時少用這些會刺激視覺神經的各種「機」。避免在床上打電腦、處理事情、看電視，確保臥房成為睡覺專用的房間。

◎**睡前梳梳頭放鬆**：尤其利於改善壓力造成的急性失眠，以及思慮過多脾衰、心神失養性質的慢性失眠。工作繁重時，我有時還會梳到半小時，平常五分鐘、十分鐘就可以，隨自己喜歡。胃經、膀胱經、膽經、督脈皆上行頭部，睡前刺激這幾條經脈的重要穴位，有助於穩定心神與壓力釋放。

◎**建立專屬的睡前儀式**：肩頸僵硬，甚至連頭皮都很緊繃的人，特別能感受到固定睡前流程所帶來的放鬆感。比方說洗熱水澡、喝溫熱開水、看本喜歡的書、梳頭、擦保養品、拉筋伸展、在床上躺平。整套儀式連續做二十一天，養成習慣。此後從洗澡開始，大腦就會切換成入睡模式。

◎**速效自我催眠**：若覺得整套入睡儀式太冗長，可試試自我催眠，大約五分鐘即可。心裡默想頭皮放鬆、眼皮放鬆、臉頰放鬆、前面的脖子放鬆、後面的脖子放鬆，部位越細越好，一路放鬆到腳。搭配深沉緩慢的深呼吸，效果更加倍。

07

不生氣消病氣，看懂食慾指標

「脾胃之傷於內者，唯思憂憤怒最為傷心」心傷則脾胃皆傷，這是古代醫家發現的。在沒有內視鏡、X光的年代，醫家這樣說，並非胡亂牽扯。何解？按五行木、火、土、金、水相生原則，火生土，火是土的「母親」，而心屬火、脾屬土，母病及子，意思就是說心火沒搞好，脾土肯定會跟著受罪，你可以用「媽媽生病奶水不足、嬰兒就營養不夠」這樣直觀地來理解它。翻譯成人話就是：擔心的吃不下、氣都氣飽了，哪還顧得上吃飯？

情治不暢、心裡面不爽，或是疲勞倦怠身體的累、心裡的累，這方面的吃不下飯，比起季節的影響更為嚴重。什麼是季節影響？比方說夏天太熱，沒有胃口這樣。季節影響好解決，炎炎夏日食慾不振，吃點酸、嘗點辣，多數人都能恢復食慾。而心裡面的不爽，吃酸喝辣效果不大，只能從心上頭去解決。

壞情緒阻礙能量轉化

人體是靠轉化五穀雜糧等各種食物的能量，才能順利運作的一個有機體。如果能量的接收、轉化遭遇阻礙，那身體肯定是要越來越弱、越來越不禁風的。什麼是最大的阻礙呢？對於不生病好命人的養成來說，最大的阻礙不是路上的絆腳石，而是自己的脾氣！

佛經上記載，人有八萬四千種疾病（不是指真的八萬四千種，而是用這個數字表示很多很多的意思）皆起因於貪嗔癡。就是這三種心毒，腐蝕了身心靈。貪是貪心、貪愛，嗔是嗔恨、無法原諒別人、老是懷恨在心、老往著人要不利於你這方面想，通通都算。癡就是癡愚，智慧未開的狀態。注意喔，不是說這人本質上是白癡、沒救了，而是說他還沒遇到合適的機緣，暫時不聰明而已。在這世界上，大家天生都是有智慧的，只是有人智慧全開、有人開一半，有人還沒睡醒罷了。

拉回正題，前面講過恨意與罹癌之間的關聯，我在外頭演講提到這段時，很多人立刻恍然大悟、茅塞頓開，從此決定，再也不發脾氣、再也不怨恨別人，我覺得這是一個很有勇氣的決定！也是一個對自己健康有決定性影響的決定。怨別人、惱別人、恨別人……，別人不一定會有感覺、更不一定會反省，事實上，他們通常不覺得自己哪裡有錯，也就不知從何反省。你在那邊生氣，做錯事的人不痛不癢，活得好好的，但自己卻食不下嚥、吃什麼都沒有味道，逐漸衰弱、生病。我常說，「拿別人的過錯來懲罰自己，最是沒有必要！」

生氣有什麼不好？

其實生氣對全身有全面性的不良影響，不只胃口不好、消化不好，還會臉色難看、血液藏毒，頭痛、心臟痛，甚至還有女孩子月經突然中斷的病例。人身體漸漸衰弱，是有一個發展進程的。所幸，我們不用等到氣壞了，氣到整個人都壞掉了，才來警惕自己、才來找醫生。我預先告訴你一個先機，記住喔！生氣對身體器官損害，首當其衝的是消化系統。

當食慾不振、食不知味、消化不良、胃痛、慢性胃炎、胃潰瘍、吃東西會有想吐的感覺、食不下嚥等等情形，就要有所警覺。不要讓怒氣繼續發展、讓身體繼續衰弱下去。吃不下接著就是睡不好、睡不著，病人睡不著對醫生來說是有點頭大的，因為睡不著暗示這個人細胞再生更新的功能比較差，免疫力跟自癒力都是比較弱的。只要一點點怒氣、怨氣，就能讓你變成這樣。更別提長期積累的怒氣、怨氣了，殺傷力更是驚人。

算了算了！還是放下吧！「害你」生氣的人或許還逍遙，你卻持著怒氣的刀劍與自己的腸胃為敵。怎麼想，都好像「懲罰」錯對象了！如果手上還真有把劍，那它也是用來斬斷無明、斬斷癡愚的劍。別把劍對著自己的肚子啊！

本周修心功課，止戰休養生息

大家如果每周有按順序練習，到這裡已經是第七周了。練習靜心、提升身心靈層次，不一定都是苦差事，也有好玩的事。苦樂參半的修煉，就像體驗人生一樣。

這周呢，還滿愉快的，就是請大家有意識去覺察自己的時間是怎麼度過的。利用這周去養成一個習慣：「好好度過每一段時間」的習慣。止火、止戰、止怒，把時間用在休養生息上，或者好好吃頓飯，或者忙裡偷閒做SPA，或者讀本一直想要閱讀，但都還沒有時間看的書。這周，把生氣的時間省下來，用來做這些事情。

人的一生，時間就只有那麼多，用掉了就是用掉了，沒辦法像悠遊卡一樣反覆加值，總不能到天上時，跟天公伯說，「哎，還沒活夠呢，請再幫我加值十年！」這不可能。時間花光了就是花光了。所以我常說，有時間在那邊生氣氣、越想越火大。不如拿這個時間，找你所喜愛的親友來去吃好料、越吃越開心。從此，再沒有生氣的時間，只有開心的時間！

08 導入斷捨離概念，身心靈大排毒

工作老是做不完？無法及時趕赴與親友的晚餐之約？一天到晚加班，經常睡不飽？「工作」這種事情啊，若放任不去約束它，它就會變成一隻什麼都吃的怪獸，不斷進食、變得越來越胖，胖到壓縮你的生活空間，逼得人喘不過氣來。

所以，在「工作」魔化變成怪獸之前，我們最好先替它繫上「斷捨離」腰帶，稍微約束約束，避免它胡亂發胖。一流的工作者都是懂得約束之道的。當時間支配有失衡預兆時，他們會立即檢視工作內容與待辦項目，斷捨離刪掉不必要的程序，化繁為簡。一流的工作者並不一定智商特別高，也不一定手邊有特別多資源可供運用，只是他們都懂得約束，都是能分辨垃圾與黃金的高手。當本來要做的十件事剩下最重要的兩件時，專注力與手邊資源就能更好地挹注在這兩件事上，做的事比較少，但成功機率卻比較高，多棒啊！

若因為不安心，什麼都想掌控、大小事都不放過，最終會被自己養出的怪獸逼到牆角，什麼都想抓，實際上卻什麼也抓不了。先安好自己一顆心，才知道取捨。很多時候，不是外務太多，而是內心沒有整理好。

悟「空」，幸福人生超展開

在靜心的旅程中，我靈光乍現，稍微悟出了「空」的美妙。而我這邊講的斷捨離，其實就是「空」性的一種運用。空不是什麼都沒有，相反的，空，它什麼都有。層次很豐富，放諸四海皆準，無論在工作上、人際關係上，還是健康管理上，一概適用。在多數人為繁雜所困的今天，我們可以透過斷捨離、透過減法，去解決太忙、太亂、太多、太毒的種種問題。

這一周心的功課是導入斷捨離的概念，裡裡外外上上下下幫自己的身心靈，做一次深層排毒。

請開始檢視自己的日常，斷絕那些為自己添麻煩的NG習慣，站在預防的角度，幫身心排毒的工作減量百分之三十，那你就多了百分之三十的本錢，把生命能量用在細胞修復再生也好、用在擴充腦神經迴路也好。總之，若不必忙著排毒，你的學習力、消化力、再生力、身體自動清潔的能力，甚至是免疫力，都能有更大的發揮空間。這周的智慧養生心法是「一連七天，天天整頓身心靈，排除不必要的麻煩，以減法為健康加分。」

減法怎麼用？沒用過的人，可從下面例子中尋找靈感。當然要全部照著做，是絕對沒問題的，但我更希望，你能再想出其他更適合自己、做起來更開心的方法。在「以減法為健康加分」的過程中，得到更多樂趣與成就感。

◎**告別厚重不透氣底妝**：層層底妝，干擾汗液皮脂排除廢物，沒卸乾淨更慘，痘痘、粉刺輪流長，讓臉部肌膚老是在發炎，臉越花、底妝越蓋越厚。不如，回歸古早時候宮廷后妃的養顏術，朝營養美方向著手。像我都擦食用油來潤澤保濕，亞麻仁油、苦茶油分子小，皮膚容易吸收。其次是從種類豐富的天然食物中，攝取維生素C和E，這是美化肌膚最重要的兩種營養素。經常按摩臉部、活化循環，效果也不錯，比方說搓熱雙手後再搓搓臉，善用掌底自下巴往耳部拉提臉頰。改用天然方法照顧臉，日積月累，素顏也能有好氣色。

◎**遠離芳香劑與防蚊液**：較敏感的人對揮發性化學物質特別有反應，常見症狀為噁心、頭暈。遠離化學毒物，可改用天然精油替代芳香劑，改以艾草、香茅驅蚊蟲。也可以多試幾種驅蚊植物，祈請植物守護空間，藉此減輕身體排除人工化合物的負擔，是非常有智慧的作法。

◎**避免神豬式過度進補**：現代人普遍營養過剩，補藥太多、營養太多，反而成為身上不利代謝之毒。宜先了解自身體質，再選擇相對應的食材，避免越補身體越累。而使用高劑量營養補充品也要特別留意，自己要去了解成分、查資料，或是請教專家，以免補身不成，反而補出易罹癌體質，得不償失。

◎**切勿生悶氣壓抑情緒**：尤其習慣委曲求全的人，最需要用減法，減去這個傷身的壞習慣。怎麼做呢？遇事哭一哭、笑一笑排解，是最沒有副作用的排毒法。你可以找部溫馨感人的日本電影，自己躲起來看（以免被人看到，不好意思），日本電影情節與音樂的節奏搭配特別好，導演都會在片中設計幾個「淚崩點」，跟著入戲，眼淚就很容易掉下來。哭與笑一樣都能釋放壓力、幫助情緒排毒、調節自律神經平衡，最棒的是，這只花你一部電影的時間。

09

靜坐靜心，呼吸如龜長壽如龜

常有人問我，「醫師，你說的靜心跟靜坐有沒有一樣？」它們有時候是一樣的，有時候又不一樣，不一定。好啦，我知道這樣的回答很欠揍，有說像是沒說一樣，現在來講仔細一點。靜心是比靜坐更大的概念，而靜坐是靜心的方法之一。有人坐是坐不住，走路反而很能靜下來，這樣的人，就很適合動態靜心，以行禪的方式來修心。而為了要提升創造力的靜心、想要治癒疾病的靜心、只圖一個放空歸零的靜心……各有相對應的方法，有可能透過靜坐就能達成，也有可能透過靜坐以外的方法達成。

事實上，就連靜坐，方式都不只一種，依照目的、時間、個人稟賦與條件，靜坐的方式能有千千萬萬種。但縱使靜坐方式有千千萬萬種，但我認為不管是哪一種，只要是成功的靜坐，都一定能達到「靜心」這樣的效果。所以你問，靜心跟靜坐有沒有一樣，我只能說，它們有時候一樣，但有時候又不一樣，看你問得是什麼，想要的是什麼。

糟糕，講了一大串，好像有講又跟沒講一樣，雖然靜坐方式千千萬萬種，但總要幫沒好好靜坐過的人，來起個頭。入門款我建議，就來學烏龜吧！好好人不做，學烏龜幹嘛呢？因為烏龜長壽又吉祥，「龜齡鶴算」、「龜年鶴壽」、「龜龍麒鳳」、「懸龜系魚」，乃至「千年王八萬年龜」，歲數長、奇珍異寶、官位高……烏龜的象徵意義多好啊！不學他學誰呢？

龜息法，甩開憂鬱

烏龜最厲害是每分鐘只需要呼吸三到五次（人類大約十二到二十次），翻翻生物圖鑑，那些壽命比人類還長的像是蛇啊、烏龜、大象啊，呼吸頻率都非常慢。

剛開始練習「龜息法」極少人能真正把呼吸降到每分鐘五次以下，就連非常頂尖的自行車選手在休息狀態，每分鐘都還有六次，所以不用感到壓力，只要心裡想著「像烏龜那樣」盡量放慢就可以，無需太在意數字。

龜息法的慢呼吸「調息綿綿、深入丹田」，是一種丹田呼吸、腹式呼吸，用意念、有意識地將自然清氣吸入到肚臍下小腹的位置，一直吸一直吸，吸到最飽再憋住，等憋不住時再吐氣。我們現在還特意要「想著」，氣才下得去，你去觀察那剛出生的嬰兒，這些小寶貝，天生就是腹式呼吸的高手。「專氣致柔，能如嬰兒乎？」老子透露養生的最高境界，你能回歸到初生嬰兒那樣呼吸、那樣筋柔氣和、那樣淡泊無欲、那樣道體渾然天成嗎？我所謂的「龜息法」，只講究呼吸要呼吸得像烏龜一樣慢、像嬰兒一樣深。至於情志意識能不能回到嬰兒般天真無邪的狀態，細胞組織能不能全都再生一輪變得像剛做好的一樣，就不強求了。

從西醫的角度來看，這樣子的呼吸法，能活化副交感神經，對急躁不安的人，產生立即的放鬆作用。想要改變心情甩開憂鬱，龜息法是我目前試過最快、最有效又無副作用的方法。

此外，依個人體質不同，練習緩慢深長的龜息呼吸，還有增加抵抗力、提高血液帶氧量、改善慢性疲勞症狀、舒緩肩頸背部緊繃、降血壓、止頭痛，白天幫助創造更佳的運動表現，夜晚幫助進入更深層的睡眠狀態等等益處。又由於呼吸帶動腹部運動的關係，有輕微便祕症狀的人，可能還會體驗到不同以往

圖 1

的順暢感。

請你跟我一起這樣做

步驟一，盤腿坐下。（無法單盤，散盤或坐在椅子上兩腳穩踩地面也可以。無法坐在椅子上，平躺也可以）（圖1）

步驟二，手背輕放膝上，按住大拇指與無名指。（圖2）

步驟三，輕輕閉上雙眼，舌抵上顎。（如果覺得很睏想睡覺的時候，也可以張開眼睛，避免睡著）（圖3）

步驟四，採取腹式呼吸，吸氣、吸氣、吸氣、再吸氣，直到腹部完全鼓脹起來。憋住，憋越久越好。（圖4）

步驟五，憋不住時才徐徐吐氣。

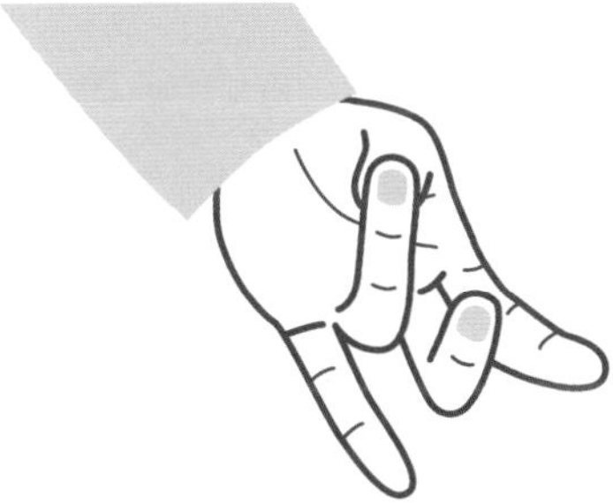

圖2

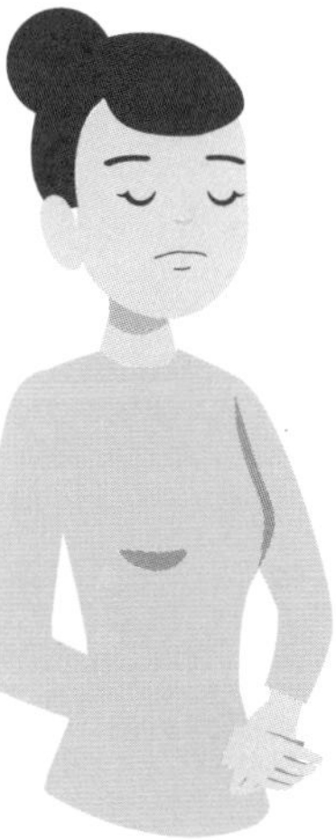

圖3

重複以上步驟直至心能平靜下來為止。這樣的呼吸法，對緩解恐慌有一定程度的幫助。本周每天至少練習一次。

西藏厲害的出家人，可以連續吸上三、五分鐘，一直吸、一直吸，都不用鼻子換氣，廢氣會從皮膚毛細孔或是百會穴這種地方跑出來，非常神奇，我最近也在朝這個方向努力。大家可以努力練習看看能不能達到最高境界，不用鼻子吐氣。

三個進階小祕訣

◎**排濁氣**：吐氣的時候，可以觀想身體裡的濁氣、穢氣、病氣，通通透過呼氣，排出體外，療癒效果更佳。

圖 4

◎**數息**：覺得心很亂，雜念特別多時，宜加入「數息」幫助放空。每次呼氣數一、二、三……九，然後再回到一、二、三……九，如此重複。萬一還沒數到九就有其他念頭冒出來，重新回到一，重數。

◎**隨息**：不喜歡數息的人，可練習「隨息」。意思就是，有意識地去察覺每一口吸氣、每一次吐氣，就觀察呼吸這件事，活在當下的時空裡，不做他想。

10 日日是好日，學會靜心十撇步

有一個美女做了很多善事，死後上天堂，遇到一個穿白袍子白鬍子很長的人，心想，這應該是上帝了，於是問他，「奇怪耶，我人這麼好、心地又善良，怎麼還是過得這麼辛苦啊？不是說，人美心善就應該有十全十美的人生嗎？」穿白色衣服的指著衣服上的紅酒漬說，「傷腦筋啊，喝茫了一定會 High，喝 High 了酒不小心潑到身上也是常有的事。所以妳說我到底是喝還是不喝？要喝就不要怕衣服髒，哪有什麼十全十美的！少囉嗦，妳也來喝一杯。」這時候真的上帝出現了，「哎，最囉嗦就是你，少在那邊含酒噴人，我給你這件袍子的時候，可是十全十美的白色呢，自己愛喝不說。」然後轉頭對美女說，「我很公平的，我創造給大家的，都是十全十美的呦，包括妳那十全十美的人生。怎麼，妳沒看出來？」這是一則關於「一切都是最好的安排」的笑話。

還沒醒來的迷醉、迷惘之人，是看不見十全十美的。就算看見了，也會因為自身種種錯誤的見解，而誤以為十全十美其實沒那麼完美。看不見或是看不懂，都很傷腦筋啊！事實上，十全十美用肉眼是看不出來的，要用心才行！「十全十美」是人暫時失去的東西，我們本來就擁有它。在心的修煉進入到第十周的此時此刻，我提供以下十個靜心小撇步，期待靜下心來的你，能用心找回屬於自己的「十全十美」。

靜心十撇步

◎**拋開對自我的執著**‥輕易斷言自己是哪種人，比方說「我有潔癖」、「我就是那麼有效率」、「我性格浪漫」，一旦為「我」貼上標籤，就不免畫地自限、受到束縛。框框架架越疊越多，離真我就越來越遠。別忘了！真我，其實是非常有彈性的！

◎**經常練習靜坐靜心**‥科學家研究那些經常靜坐的人，發現他們不但較少看醫生，即便生病住院，復原速度也比常人快，更重要的是，他們處理紛雜情緒的能力較強！紛雜情緒如同海裡的水草，透過它們要看清什麼，還真有點難呢！不是說練習過靜心的人沒有情緒，確切來說，是靜心之人的覺察度、靈敏度高，知道防微杜漸，比較不容易受情緒所左右。

◎**日日勤走路接地氣**‥晨起散步、傍晚邊走邊欣賞夕陽，都有助於靜心。現在一人常常要做好幾人的工作，沒經過訓練，心很難靜下來。不過要訓練也不難，像是走路，就是很好的訓練。試著一次只做好走路這一件事，走著走著，你會快樂地發現身心靈出現意想不到的轉變。

◎**迎回心裡的小清新**：清理衣櫃、整理書桌文件，甚至只是把皮夾裡的鈔票按同一面排好、把過期的優惠券丟掉，都能令心情逐漸回歸平靜。整頓心靈宛如種菜，我們很難直接去種那個菜「本人」但透過改善土壤、施肥、澆水，便能讓菜長好。觸摸不到的心靈也一樣，透過整理外境，也能使內在轉為清朗明亮。

◎**學著欣賞他人特色**：走出同溫層，嘗試接觸其他不同立場、不同成長背景的人，不帶任何批判。如同欣賞七色彩虹，知道藍色不比紅色高級、綠色也不比黃色優越，試著不去分高下、不論斷對錯。越能看出整體的和諧之美，十全十美之境就離你越近。

◎**避免自己去嚇自己**：人所擔憂、煩惱、害怕的事，其實原本大部分都不會發生。常常妄想被害、被算計，拿著疑神疑鬼的濾鏡去看世界，那所有人還都真成了妖魔鬼怪。唯有正念如炬，能驅散種種令人煩憂的恐怖幻相。

◎**少說無意義的廢話**：話說多了一方面傷元氣，另一方面言多必失，造成他人不悅或困擾，自己也得承受後果。閒話、言過其實的話，能免則免。別讓廢話，把原本澄澈如鏡的心湖，攪成渾水。

◎**珍愛地球節約用度**：環保、簡約的人生，是輕鬆優雅的人生。鋪張、高調的人生，曇花一現且徒勞。首先擺脫貪欲束縛，知止知足，接著，張開雙手領受十全十美的祝福。

◎**有所取捨選擇正業**：放大來看，是選擇正確的事業，縮小來看，所作所為皆是為環境好、對大家都好的。若以一己之私為出發點，即便暫時獲得金山銀山，仍會時刻感到孤單、惶惶不安。若出於不想傷害他人的仁慈心意來選擇職業、選擇正確的行為，心便恆久安住於寧靜、祥和之中，這便十分接近十全十美的境界。

◎**善吸引善利他慈悲**：宇宙是一個很神奇的宇宙，怎麼對待他人，自己也會如何被對待。善吸引善、惡意招致不幸。頭腦想的是最好的事、心裡懷抱著最美的盼望，總看到人家好的那一面、總是引導事情往好的方向走，如果能這樣，哪還需要找？你已然生活在十全十美中。

11

餐桌上的靜心，如何吃最關鍵

我經常都在回答這個問題，「醫師啊，想請教你，你覺得我這樣應該吃什麼比較好？」相較於其他國家，臺灣人對吃展現出高度的興趣，我剛來臺灣的時候覺得很不可思議。我想，大概是因為寶島物產豐富的緣故吧！大部分的人，都對吃懷抱熱情。

針對體質，有的我會教他們熬大蒜雞湯、有的教蔬果汁，不好睡的，則是優格＋香蕉＋蜂蜜的配方。借力使力，我剛好能利用吃，解決很多身心靈平衡上的問題。

但是比起「吃什麼」，我更看重「如何吃」，食物入口時的心境對整體健康的影響才是關鍵，這一點，很多人都不知道。有研究指出，人若在心情愉悅、感謝食物的狀態下用餐，各種消化液的分泌都會比較充足。由此看來，各種宗教的「謝飯」儀式，其實都含有養生智慧在其中！

愉悅的心，強化營養吸收

愉快地用餐，能將營養吸收最大化，相對減少人的食量與地球資源消耗。你看一些修道者，他們吃少少的，身體就很有元氣，相信他們都把食材中的營養極大化了！再者，愉快地用餐，即便偶爾吃到一些被多數人認為「不健康」的東西，例如鹽酥雞、雞排，若懷著美好的心念進食，身體自然會篩選、代謝掉人所不需要的。

若家人在餐桌上起爭執，令你心情受影響，或是一邊聊著八卦一邊吃，手捧飯碗但心不在此，極容易消化不良。還有現在很多人健康意識抬頭，不過卻抬錯方向，被食安風暴嚇個半死，買菜非得去有機店、沒有檢驗報告的就都不敢吃。外出用餐也弄得提心吊膽，一下怕吃到基改、一下又趕流行嚴格實行起某種特殊的飲食法。吃飯吃得這樣戒慎恐懼，很干擾吸收與代謝。心要儘量放寬一些才好，太過緊張失去享受美食的樂趣，那多可惜！

這一周，讓我們來練習餐桌上的靜心。吃得更有態度、更有益健康。

每周至少安排一次獨食的機會

習慣吃飯配話的人，或是常常需要聚餐應酬的人，更要為自己騰出獨食的美好時光。現代人的問題不在於吃不夠，而是吃太營養、吃太飽，把身體塞滿，自癒力便無法發揮良好作用。與人一起吃飯，多少需要遷就，顧著聊天一不注意就吃太多。聽說有一種餓，叫「阿嬤怕你餓」，長輩為了表達疼愛，常常不自覺不停端出好料，搞得天天像是過年似的，因為他們的愛就是這麼豐盛嘛！家人好意不要掃興，但要記得為自己安排一些獨食的機會，均衡一下。

獨食可以專為自己量身打造，更貼近個人需求。你可以自己煮，外食也無妨。重點是在自己能掌控的時間裡、喜歡的環境中、選擇你真正需要的好食物，量不必多，就能很滿足。確保你和食物的約會是私密的，排除一切可能干擾到你的人事物，如手機、電視新聞，好好享受吧！

儘量在安靜的地方用餐

美國學者曾研究聲音與食量之間的關聯，發現在音樂吵雜、人聲鼎沸的地方進食，會不自覺比平常多吃下一．五倍的食物。像是在運動酒吧一邊看球、一邊叫好、一邊拿著東西往嘴裡塞，注意力不在自己身上，心都跑到球場上去了，吃了也不知道飽、啤酒一瓶瓶抓來喝，這樣的吃法，最容易發福。

請靜下心來享受美食，擇一處安靜清幽的地方獨食，或嘗試不和同伴聊天聊得太起勁、太興奮。將注意力拉回食物本身。透過視覺、嗅覺、味覺、觸覺、聽覺，比方說聽到自己咀嚼新鮮蔬菜的爽脆聲音，全方位感受佳餚所帶來的豐盛感。試試看，不用吃太多，你便會感到心滿意足。你至少要有幾次在安靜地方用餐的經驗，並且有意識去感受一下，安靜地吃飯與在吵雜環境用餐時的差別。靜心修煉純熟之後，即便在熱鬧餐館也能掌握好自己的用餐節奏，但尚未純熟之前，宜先避開喧擾煩心的地方。

這樣瘦，知飢知飽慢慢吃

大腦感到飢餓只須幾秒鐘，但察覺到飽，卻要二十分鐘。這也就是為什麼有人能光靠拉長用餐時間、細嚼慢嚥，就輕輕鬆鬆瘦下來的緣故。以時間換取進食總量，給身體多一點時間去察覺到夠了、飽了，就不怕莫名其妙吃撐了、胖了。

降低「食速」的方法很多，例如切小塊、吃小口，吃完嘴裡的再吃下一口。或是偶爾換成西餐吃法，先喝湯、再開胃菜、再主食，一道道吃。請自由發揮創意。

還有一點特別要提醒長者，隨年齡增加，咀嚼次數要更多。當然，這也是一種放慢食速的好方法，而且還能讓你的消化作用，從口腔就開始。腸胃經常感到不適的人，也很需要細嚼慢嚥，讓唾液有時間發揮作用，分攤腸胃的消化負擔。

真正對健康有益的飯，不只用嘴吃，還要用心吃！祝願你餐餐都有好胃口。

12 簡單過生活不是無聊過生活

聽許多人訴苦，我發現煩惱展現出來的形式有千千萬萬種，但追根究底，起源不外乎「永不滿足的欲望」、「嗔怒與嗔恨」，以及智慧未開的「無知、癡愚」等三種。貪、嗔、癡三個點，圍成一個煩惱無盡、痛苦不斷的鐵三角，將人禁錮於其中，反覆煎熬。所幸，貪心、愛生氣、無知不求長進這三點，若任一點被擊潰，這個「痛苦鐵三角」也將隨之瓦解，人將從看似永恆的痛苦中，解放出來。

柿子挑軟的，先對付貪

我發現「痛苦鐵三角」中，「貪」是多數人比較容易擊倒的一角，先拿「好欺負」的來練手，比較容易獲得成就感。這周，心的修煉就先從對治「貪」欲下手吧！

知己知彼百戰敗勝，來了解一下「貪」的特性。貪取無厭謂之貪，譬如摘果子，假設吃兩顆蟠桃會飽，摘一顆、兩顆不算貪，摘到第三顆、第四顆以上就是貪了。拿超過自己不需要的量，才叫做貪。若心裡想著，嘿嘿，蟠桃是仙果，我要通通摘光，這就是非常貪。你跳脫出來看那些「非常貪」的人，就能很容易看清他們根本沒賺到，明明吃不下這麼多，還把自己弄得比誰都還累，何苦呢？

西藏古籍記載著恐怖的預言，提到貪到極致，足以讓人化成鬼。鬼這個族群，特色就是「一直要，不管得到再多，都不會滿意」。這個「要」呢，可能是實質的物質，房地產、金錢等等，也有可能是無形的感情，例如索求同情、親情、友情、愛情，一直討要卻不滿足。我們人拍電影可能大家會喜歡看《永不放棄》、《永不妥協》這類勵志片，而鬼城裡票房最好的，大概會是《永不滿足》這樣的片子，所謂「少欲之人，事事稱心，善貪之人，時時地獄。」指的就是這種狀況。

學看健康秤，取得平衡

從醫學的角度來看，「貪」會為我們的身體來帶來怎樣的危害呢？以二型糖尿病為例，它的主要成因包含肥胖、飲食失衡、不運動及基因遺傳等四項，除了最後一項，前三項都與貪有關，貪愛精緻糕點等高熱量食物、貪嗜某一味或某一類飲食造成營養失衡、貪圖安逸，能坐著就不站著、能躺著就不坐著。另外還有就是貪杯、貪菸、貪食高升糖指數水果，都會加重病情。升糖指數（Glycemic Index，簡稱ＧＩ值）超過七十的水果包含芒果、香蕉、木瓜、鳳梨、西瓜、荔枝與龍眼。若把「貪多」視為一種發展太超過的心念，想要取得身心靈平衡，在秤的另一頭加上「少欲」的砝碼即可。貪多是加法，少欲，則是減法。加加減減拿捏平衡就沒問題。就像糖尿病也不是完全不能吃龍眼，在血糖穩定控制時，八粒以內都沒事，但若血糖已經飆高了，吃一粒都是在找自己麻煩，要學會拿捏。

欲望太多怎麼辦？

想要的太多是一件很危險的事，經常這樣想，會弄得自己很累，反而沒辦法專注在天命，或是真正重要的人事物上面。別讓自己被迫在垃圾堆裡找鑽石。針對欲望太多這個毛病，我的處方是「減法過生活」、「簡單過生活」。重新體驗素樸之美，人生會比較愉快輕鬆。有形無形的東西、不管是在心裡還是在身旁的，你都可以一「分類」、二「選擇」、三「決定它們的去處」，捐掉、送掉、丟掉或保留下來。請不斷重複這三個步驟，直到得到清爽的感覺為止。人生就可以再度進階。

先做減法、練習簡單。透過這個過程，訓練自心、傾聽心的聲音，釐清「啊，原來我在意的是這個啊！」「原來這個對我很重要。」身心靈合一之後的再出發，將會是很順利、美好、簡潔、精煉的。沒有多餘的動作與話語，非常帥氣喔！

先減法再加法

能捨，才有足夠的空間迎接更好的東西進來。簡單過生活，是少欲的生活。雜亂的欲望精煉過後，就成了值得對它下功夫的願望。減法先做，再來的加法就會很容易，結果也會很不錯。比方說，把堆滿雜物的和室清理一下，無論是擺上你的畫作，或是剛完成的插花作品，都會很好看。你總不希望辛辛苦苦畫了一幅畫，卻放在舊紙箱上或被迫塞在某個不知名的角落蒙塵吧！

簡單過生活，不是讓大家家徒四壁，或是變成只會穿白色衣服的苦行僧。而是藉由減法來練習靜心，不合適的出去、自己所愛的進來。心能靜，無雜染，自然而然能綻放出多姿多采的美麗花朵。簡單過生活，就像除雜草，藉此，讓你的花園更美麗！

13

用心不用腦，非思量讓壞情緒脫鉤

有一對老夫妻，一起生活了幾十年，本來都好好的，從某一天開始突然變得很會吵架。一方面兩人退休後杵在家的時間變長、起摩擦機會更多，一方面積怨到達臨界點，再也受不了對方，於是經常在餐桌上起爭執。戲劇性大吵搞得家人吃飯吃得很緊張，無不想草草扒幾口了事，立馬閃人。吃得太快太急，自然地，這家人消化都不是很好，胃常出狀況。

老太太重視生活美學標準高，看不慣就愛念兩句，老歸老記性卻特別好，常常念著念著順便舊帳再翻一輪。老先生口才好，嘴特別能說，反駁起來哪只兩句，連嘲帶諷十幾句都不用換氣。於是又把老太太給氣得沒完沒了。

餐桌上是最不適合拍桌子較勁的地方，辜負了滿桌子好菜不說，胃弄壞了可不像心、肝、腎那樣容易換。針對這個案例，胃藥只能治標，真正能治本的還靠「心藥」才能醫。治法其實也不是很難，但需要夫妻雙方配合，老太太學著睜一隻眼閉一隻眼，家裡看不慣，就多出去走走吧！看看美麗的花，去旅遊去看喜歡的大水大山。而老先生呢？話到嘴邊先喝口湯緩緩，不急著說，少講兩句多活兩年。但口才這麼好，話憋在肚子裡爛掉也可惜，考個導覽員或找個解說性質的志工，每天跟不一樣的人講，樂趣、成就感都多更多！

頭腦越好越有得吵

令人看不慣、生氣的狀況，天天都會發生，但如果每次我們都用腦袋去想這事，仔細衡量誰對誰錯、精密地計算得失，火能不大嗎？什麼都能翻，就是舊帳不能翻。舊帳越翻是越氣，而且人腦還有「竄改」記憶的自動功能，你的過去什麼時候被大腦加油添醋了一番，自己可能都還不曉得呢！記憶最不可靠，有很多記憶，它都不是真的、不是事實。

而透過大腦邏輯思辨，以非常高超的辯論技巧來吵架，往往頭腦越好，越有得吵。你看那古早時候希臘羅馬哲學家，邏輯腦超強，站在市場抬槓一聊就是一整天。知識性爭論的那種吵，不是真吵不傷身，沒問題的。印度、西藏出家人也會聚在一起「辯經」，以釐清佛學概念，正所謂「真理越辯越明」。那，哪種架不能吵呢？為生活芝麻綠豆大小事吵嘴吵得不可開交，那就是傷元氣又沒意義的事。

有人說，「老來最好有伴可以吵吵嘴，比較不會老年癡呆」。其實啊，要預防失智，有比吵架更好的辦法。比方說自助旅行、把花插漂亮、下棋玩橋牌打麻將、開讀書會、學習新技能或新語言……常常做耗腦力且有趣的事，最能預防。吵架耗腦但不有趣，預防效果真的不像大家以為的那麼好。

靜心高級技巧，非思量

靜心靜坐有個巧門叫「非思量」，本周的功課，就是練習非思量。

非思量意思是儘管念頭不斷浮現，但靜坐者任它如流水上的落花枯葉，漂過來，隨即漂過去，不去否定它、不去壓抑它，根本就是不去管它。

你只要覺察出這個念頭屬於妄念，放心！它們沒多久就會自動消失。一般來說，靜心靜坐的過程中，有幾百個、幾十個、幾個念頭漂過來，也是很正常，你可以把它當作一種「排毒」過程，就像作夢的功能一樣，「作夢，是為了遺忘」。透過靜心，把大腦裡不必要的垃圾雜訊放掉，身心靈都會輕鬆許多。從沒倒過垃圾的人，家裡一定有很多垃圾，不過，別擔心，只要你夠勤快、常常清，雜念妄念肯定是越來越少的。

靜坐靜心時，非思量同時還有保護作用。它可避免大腦「上鉤」，困在不斷翻舊帳、無限上綱的幻境中，保護你不受喜、怒、哀、樂、鬱、懼、憂輪番出現的輪番折騰，以至於越想越陷越深越痛苦。

越想越複雜，若還帶著怒氣，那是最傷身的。火氣衝腦，整個腦都被你想得快要爆炸了！腦袋瓜子，大部分時間聰明，但偶爾也是會有這種想不開、想太多的糊塗狀況出現。所以我建議大家平常就要練好靜心的功夫，把「非思量」練熟了，到哪裡都自在。唯有心，能衝破幻相，了悟實相，這是腦袋沒辦法做到的事。經過修煉過的一顆心，還能轉化一切晦暗的、灰色的、悲苦的，成為那明亮的、七彩的、寧靜安適的。

「心能轉境，即同如來」面對棘手、特別有挑戰的狀況，別用腦，用心！

14 平衡荷爾蒙，做個40⁺美熟女

我常教人靜心轉運、提升健康的方法，經常會聽到不少女性朋友反應，「我也很想啊，但不知怎的，就是很煩。罵了人才會舒服一點。」「覺得很疲倦，沒由來地想哭。」「過了四十歲，記憶力好像變差了，老是忘東忘西。而且晚上變得很難入睡，有點聲響就會被吵醒。」有些人可能發現老婆怎麼突然脾氣變差、愛嘮叨，像變了個人似的。或是家族中某位女性長輩突然老得很快，指甲稍長一點就斷裂、臉上皺紋明顯增深。以上，極有可能是因為黃體素與雌激素等女性荷爾蒙分泌不順所導致，女性年過四十後，經常被這些困擾。

如果健忘、暈眩、手指麻木、憂鬱、頻尿、失眠、乾燥搔癢等症狀明顯，甚至嚴重到影響生活，建議諮詢婦產科、內科醫師確實找出原因，商討治療對策。有時這類看似更年前期、更年期的徵狀，不單純是荷爾蒙失調的問題。例如短期記憶障礙、思覺失調可能跟阿茲海默症有關，而麻木有可能是中風前兆。希望大家平常能多累積醫療常識，並且多多了解自己的身體狀況。

本周的功課是關懷40⁺女性。可能是妳自己，男性讀者的話，可能是身邊的姊姊、媽媽、姑姑、阿姨或是同事，把她們照顧好，搞不好從此再也不會掃到「颱風尾」，這也是很不錯的事呢！

保衛荷爾蒙請這樣做

針對整體而言健康檢查報告沒有大問題，若只有荷爾蒙水平下降所引起的輕度不適，不妨試試以下四種方法。透過調整生活習慣，幫助身心靈回歸平衡。

◎**順應自然調整生理時鐘**：許多對穩定健康相當重要的荷爾蒙，都在睡眠時分泌，生理時鐘紊亂，內分泌失調的機率也就很高了。這對需要日夜輪值、熬夜加班、經常在不同時區工作的女性朋友來說，是一大挑戰。如果能熟睡，基本上就比較不會遇到失調的問題。如果不能睡好，則應該積極尋求好睡的方法或考慮調整工作型態。

我曾看過一本小說，內容關於失眠魔人發出其怪聲音奪人睡眠的故事。被害者從輕微焦躁、憂鬱，到後來瘋癲狂躁，最後變得跟骷髏人一樣瘦。雖然是虛構的故事，但失眠者衰弱的進程，看了我都覺得害怕。睡覺這件大事，大家真的要認真看待，肌筋膜放鬆、做日光浴、泡溫泉、接地氣、靜脈雷射、改善手腳冰冷……助眠方式百百種，若無法睡好睡滿，請務必要找到適合自己的方法來做。

◎**剛剛好的運動**：對穩定女性荷爾蒙水平來說，運動不能太過激烈，妳拼命縱走、瘋狂出國參加馬拉松、把自己訓練成女鐵人，都要更加了解自己的身體狀況才好。太超過一開始是經期紊亂，到後來有可能還沒到更年期就停經，別想說這樣更好，連衛生棉都省了，玩水方便。不是這樣的！女性荷爾蒙還有幫助預防各種女人病的功用，過量過激的運動可能導致早衰。養生基本原則：做什麼都不要太超過。

然而，對穩定女性荷爾蒙水平來說，都不運動也不行。臨床上很多沒有運動習慣的女性，各種不舒服的更年前期、更年期症狀都很明顯。那，什麼運動比較好？當然先決條件是妳喜歡的運動才好。不妨試試以重量訓練或皮拉提斯來鍛鍊肌力。在空氣好的地方走路，各年齡層都適合。再溫和一點，氣功、太極、瑜伽也都不錯。

◎**吃「好」一點**：人是需要多種類營養素的生物。很多女生愛漂亮，致力於減肥卻減錯方法造成營養失調，身體缺乏原料，荷爾蒙製造減量，很明顯有因果關係。包含維生素B、E、鋅和錳，都是維持荷爾蒙平衡不可缺少的營養，建議從自然食物中均衡補充。

四十歲以上美熟女的優良食物清單如下（請輪流攝取，什麼都吃、什麼都吃一點，但不要單獨對哪個特別偏愛、特別去吃一大堆）：全穀物、菠菜、秋葵、花椰菜、山藥、牛蒡、地瓜葉、黑豆、黃豆及其製品如味噌、納豆、豆腐。另外還有馬鈴薯、昆布、海帶、大蒜、魩仔魚、鯖魚、鮭魚、香蕉、櫻桃、覆盆莓、蘋果、銀杏、核桃。黑色與白色的木耳和芝麻，也都可以適量補充。

特別來講一下黃豆。黃豆及其製品中的異黃酮可調節雌激素水平，有研究發現「亞洲像日本婦女常食用味噌等黃豆製品，她們的更年期症狀潮熱等頻率低於歐洲婦女。」如此看來，一碗熱熱的豆腐海帶味噌湯、配些納豆（也是黃豆製品）、煎條魚，日本人的早餐真的是很理想啊！難怪長壽榜上總有他們。

◎**每天靜心靜坐**：最後，也是大絕招，那就是本書其他篇章所教的靜心之法，請盡量練習、運用。當身心靈能夠同步放鬆時，經常會有意想不到的奇蹟出現。特別是那種因為壓力、過度勞心勞力造成的荷爾蒙失調，靜心之後，會有很大的改善。

就跟成長的青春期、能懷孕的性成熟期一樣，更年前期與更年期也屬於一種「階段」。人又不是雕像，身體有所轉變是件美好的事，請盡情體驗、盡情活出每個階段的美麗。

15 撥雲見日，挖出隱藏版的橘子

在這世界上，如果有一個人能完全聽懂你講的話，能夠知心，要知道，這是多麼不容易的一件事情。被人完全理解的機率有多低呢？我想，大概類似你把瑞士高級機械錶拆開，將裡頭上百枚零件通通丟進海裡，然後透過潮汐與海浪的力量，重新把零件一一兜攏起來組成一支的手錶的機率。機率那麼低，怪不得「士為知己者死」古人說他要是遇到了這樣一個人，就算為他去死都甘願。所以啊，當你有幸遇上知心人時，千萬要好好珍惜。

可不可以不要吃橘子

有一天，朋友講了個故事給我聽。阿嬤想驗收孫子加法學得如何，拿兩粒橘子問他，「如果我中午給你一粒橘子，晚上再給你一粒橘子，那你今天要吃多少？」小男孩回答「三粒」。想說孫子一向討厭橘子，故意亂回答，於是改口「中午給你兩顆糖果，晚上再給你兩顆糖果，你今天一共要吃幾顆糖果？」小男孩回答四顆。阿嬤很滿意，重問橘子題。「中午吃兩粒橘子，晚上再吃兩粒，這樣你今天要吃多少橘子？」小男孩仍舊回答「五粒！」想想又不情願地說「阿嬤，橘子很噁耶，可以不要吃那麼多嗎？」然後阿嬤就崩潰了。「不受教」的小鬼被叫去罰站。

媽媽回家看到小孩受罰，問怎麼回事，男孩一臉委屈，「我早餐明明就已經吃了一粒橘子，阿嬤很奇怪耶，還一直問我要不要吃橘子，我不吃，她就生氣。」

阿嬤跟孫子互相以為對方來亂的，但其實兩方都沒錯，只不過聊得不是同一件事情罷了。阿嬤問的是數學題，孫子回答的是生活情境，早上已吃一粒，若中午晚上又再各兩粒，加起來確實是五粒無誤。

夫妻情侶吵架、上司下屬意見不合，不同文化背景、國籍、教育程度的人雞同鴨講，很多都是因為沒發現那粒隱藏版橘子的緣故。你首先要問對問題，才能得到真正的答案。

不同時空中的兩個人

兩個人面對面抬槓，你一言、我一句，看起來好像在聊天，但你靜下心來仔細去聽，儘管他們的肉身靠得那麼近，但他們的心，根本沒處在同一個時空。這樣的事，經常發生。如果人心太急躁、太多事情要忙，就常常會只顧著自己說，沒去看人家的反應，不免稱兩道情、話說不到一塊兒，再多講幾句，可能還要吵了起來。A還在講昨天，B已經計畫到了兩個月以後。在不同時間錯開的兩顆心，自然不會有任何交集。

另一個狀況是，兩個人的身心靈確實處於同一個時空中，但話沒說在同一個脈絡上，一個火星來的，另一個從木星來的，兩個星球建構邏輯的方式不同，說到最後，也只能話不投機、不歡而散。在同溫層中溝通很容易，因為大家有類似的經驗、類似的見聞。但出走自己的圈子後呢？遇上兔子、熊貓或者是一隻豬，原本自以為再清楚不過的道理、再正確不過的邏輯，都不作數了。離開同溫層，別人看自己或許還會覺得你才是「化外之地」難溝通的「番人」也說不定。

見兔子就說兔子話

佛菩薩傳法時，注意到了這樣的狀況，因應不同的教導對象，經常變化出各種化身。見人說人話、見兔子就說兔子話，貼心地用對方最能理解的方式去傳達，不僅效果達到了，還讓聽者覺得很舒服、很受用，不但什麼衝突都不會發生，就連仙女，也經常聽得開心灑花了！

其實我們每個人降生到地球上時，都已經內建智慧型翻譯軟體，功能比聯合國大會上的那個多國翻譯還強大。這一周，請大家練習啟動心裡的翻譯軟體，重要的事，務必用每個人都能理解的方式說明，不要只說給自己爽而已！有可能，同一件事，你得說好幾次，跟不同的人，用不同的方法說。有心想要善用智慧，智慧才有機會派上用場。雖然內建智慧人人有，但你要按下啟動開關，它才會開始動，就跟你手機開機一樣。

內建智慧型翻譯軟體將幫助你獲得如佛陀一般「千變萬化」的能力。變得更靈活、更有彈性，變得能在多種身分中隨意切換，見人說人話、見熊貓說熊貓話。理要說得清，不是用自己的語言說，除非你只是自言自語。理要說得清，要用對方的語彙來表達。

秀才遇到豬的時候

從前秀才遇到兵，有理說不清。現在，秀才遇到兵，啟動內建翻譯軟體，就什麼都能說清楚了。但萬一遇見的是豬怎麼辦？若遇到一隻豬，跟他講地心引力，即便說了三天三夜，說到全身是嘴，也是白搭。這時候，請繼續懷抱善意，或許，其實根本也不必說什麼，只要給豬一顆鳳梨就好、給他一些好吃的。開啟慈悲模式，你就知道該怎麼做。

16 修習慈悲喜捨，成為愛的基地台

天堂不在天上，在你心上，就在人間。

若能正確說出通關密語，就能拿到一張無敵VIP卡，到處暢行無阻，無往不利、無處不自在，且無時不受到貴賓禮遇。通關密語只有四個字，即「慈悲喜捨」四個字。了解這四個字，並把它內化到你的一舉一動中，任何行為、所有思想，都符合慈悲喜捨，那你將成為地球上名副其實的重要人物、尊貴的人，或人稱「貴人」的人。你的存在，將成為散發安定磁場的基地台，令周遭的人皆感受到平靜、安全、舒服。

透過修煉，能讓一顆焦躁不安、煩惱不斷的一顆心，轉化成慈心、悲心、喜心和捨心，那寧靜、永恆的美好之境，便可透過你的心，在人世間顯化出來。不但自己活得開心自在，身旁的人也會變得明亮、輕鬆起來。這樣的天上人間、人間仙境，你可以透過你的心，做一個出來。不一定要以瑪瑙為牆、金線為界，做成怎樣都可以，但必須的，必須以慈悲喜捨四無量心來打地基。

本周開始打地基

這周心的功課，來練習慈悲喜捨。四無量心的層次很豐富，簡單來說，「慈」是使人快樂。使人快樂的這個「人」，不只是別人，也包含自己，這點很容易被忽略。有些人對人特別好，卻對自己很差，處處委屈自己，以成全他人，其實不用這樣。有所委屈就沒辦法來為人帶來真正的快樂，在散發愛的力量前，首先自己必須先快樂起來，否則充滿委屈的「慈」，他人接受起來，必定備感壓力。

「悲」心能使人免於痛苦。當然這個「人」，也包括自己。溺水之人，很難救起另一個溺水之人。唯有只有自己先上岸了，才有替人拔除痛苦的可能。

「喜」具備升起喜悅的能力。修習喜心，可制伏嫉妒心。喜是禪悅，將心置於一種穩定平靜的狀態中。能從生活中微小的細節裡，發現幸福，或在某個當下由衷感謝、發出讚嘆之聲，這便是喜心發揮功能了。看別人好，你替他高興，這就是喜心。喜心免除人的好鬥心與比較心。看別人供養了一杯水，你就急急忙忙要供養一箱水來把他比下去，出現這樣的狀況，就是你的喜心出門流浪去了，趕緊把它叫回來。

能「捨」的一顆心，包容一切，能放棄自我中心的想法。不是說你今天學了佛、聽了師父講經，就變得好棒棒，變得比較高級，能指著別人鼻子斷言，「唉呀，你這樣就是太執著。」「怎麼可以沒有慈悲心呢？」「你應該捐個五千一萬，買隻牛來放生。」「會這麼不幸，就是殺生太多，你得跟我一起吃素。」禪修修得很認真，念經念得比誰都用力，卻在最後一關失敗，敗在學得越多、把自己困得越死，執念太深，豈不可惜？

肉眼、天眼、慧眼、法眼、佛眼

所幸，見識是可透過訓練而有所提升的，提到某一個程度，就沒有執念了。一杯水你怎麼看？分辨出熱冷、有沒有氣泡、是泉水還是自來水？這都屬於肉眼層次，肉眼見上不見下、見前不見後，視覺死角很多。到了天眼階段，水就不只是水了，好好利用它，它能變成治癒疾病的甘露。當人心能靜，身心靈平衡，精氣神充沛時，就有機會看到比肉眼還多的東西。再來是慧眼。慧眼是一種充滿智慧力量的見識。既知道哪些生活習慣有礙健康，又肯去改變它，讓它變成利生的好習慣。知道生氣不好，還有辦法不生氣的，即具備開啟慧眼的條件。先有知識，然後知道去實踐它，這就是智慧，而能專注、懂得自我約束的智慧，才真正有力量。開悟的行者具備法眼，法眼能看穿一切幻相，了悟實相。悟道者伺機用這樣的眼睛，來糾正人世間的錯誤，助人離開煩惱。我們身邊都有很多這樣的「高人」，能看出問題、解決問題，從一堆垃圾中看出黃金。最後一種是佛眼，這是平等、慈悲之眼。凡人眼中水是水，「佛觀一杯水，八萬四千蟲」比顯微鏡還厲害的慈悲之眼，看出了水裡面的萬千生命，於是懷著慈悲心，喝前還不忘念咒，超度這些蟲。

除去障蔽，擴大心視界

同樣一杯水，有天眼的天人能把它當甘露用，以水為藥治萬病。而受執著迷惑的餓鬼呢？卻把它看成膿血，碰都不敢碰。眼界不同，所見也不同。整個世界，因著你的視界，有著不同的模樣。如果見識夠廣、視野夠寬，你會發現這個世界很美、處處充滿善意、愛無所不在。如果以侷限的眼光來看，則處處受限、處處受阻，活得相當不痛快。了解慈悲喜捨、實行慈悲喜捨，即能除去眼中的障蔽、提升層次。這一周，讓我們來練習「慈悲喜捨」！成為發散愛的基地台。

17

修心鬆一鬆，舒展肌筋膜

人體的肌肉與筋膜皆十分樂於和你的心溝通，它們之中，蘊藏了大量的健康訊息，如果心懂得去解讀它們，即會發現你自我檢查出的毛病，有許多與透過精密儀器檢查出來問題，出乎意料地吻合。比方說，你在左邊鎖骨上頭的溝槽裡，塗上按摩油，來回按摩幾次，胃特別不好的人，可能會發現一些硬塊，或是還不到結塊的程度，只是比較緊繃而已，你都可以慢慢將它們推開，將它們放鬆。

還可以試試觸摸你頸闊肌部位，你嘴角下拉與縮頸時會用到它。當你非常恐懼或是怒氣衝天的時候，頸闊肌可是跟你站在同一陣線，它儲藏了怒與懼的訊息，當你經過長時間的害怕、憤怒時，別忘了揉揉它，安撫兼放鬆，釋放掉多餘的情緒。

至於咬肌，你咬牙切齒時會用到的那塊肌肉。善於忍耐、經常憤怒或緊張之人，咬肌幾乎都很發達。愛漂亮想維持小臉，別忘了時不時用手掌底部，自下巴往耳朵作V字向上拉提，並用手指按按咬肌，壓力特別大的人，很快能找到壓痛點。舒展咬肌、放鬆咬肌，有助於壓力釋放，日後或許就無需為了矯正國字臉而去做打薄手術。

壓力與緊繃

我們人開始要做一個動作之前，心裡先有念頭升起，於是心打了個電報告訴大腦總部，去通知全身上下需要配合的單位。假設現在有一隻黑熊朝你撲過來，你先心一驚、決定逃跑，於是大腦便知會全身的筋膜開始緊繃起來、肌肉也跟著收縮，呼吸變得又快又淺，然後你就可以拔腿就跑。順利的話，逃到一個熊追不到的地方，你開始放慢呼吸，深呼吸了幾口，原本處於逃命緊張狀態的細胞們，全跟著放鬆了下來。或許剛才用力太多、跑得太急，你覺得小腿有點酸脹，腳踝有點緊，於是你不自覺揉了揉肌肉，轉了轉關節，讓全身上下有更好的放鬆。

以上，是黑熊偶爾才出現一次的時候。人不用別人教，自己都有自我療癒的能力，該緊的時候能緊，而該放鬆的時候也沒在客氣，放得有夠鬆。然而，現在的社會不是這樣，無形的壓力像看不見的黑熊，不斷朝人撲過來，一隻、兩隻、三隻，有時甚至一大群一起上，搞得人經常緊張兮兮，自律神經系統大亂，不知何時可以放鬆，或許根本就忘了要放鬆。吃飯吃得很快，像趕著去打仗那樣，睡覺睡得很淺，隨時都可以起來回覆訊息。

不同型態的壓力與情緒，累積在肌肉、筋膜間，一直紀錄著，就像錄音帶一樣，你沒去把它「洗掉」，這些內容，就一直留在裡面。當然不是說只有情緒才能讓人緊繃，錯誤的習慣、長期維持同一種姿勢、睡覺的枕頭床墊不合適、運動太過，都有可能造成肌肉與筋膜的緊繃、發炎。所以也不用太迷信鐵齒，膝蓋不舒服，就斷定「啊，我一定是對未來有所畏懼，所以膝蓋才來提醒我、讓我裹足不前的」。運動後都沒做 Cool Down、大腿肌群無力，甚至是穿錯鞋子，膝蓋都有可能會很不舒服。

肩胛部位痠痛也不一定就是「對平輩不滿有怨言」或者「我一定是扛太多責任了」，搞不好只是因為你背包裡面放太多無用的東西、背起來太沉重了也說不定。雖然說，我們可以透過身體各部位的放鬆、按摩、拉筋，來釋放情緒、洗掉錄音帶、清除心裡面的垃圾。但並非所有的疼痛都與情緒有關、與心念有關，要懂得去分辨，無法分辨的話，找專業的問問也不是不可以。

找出壓痛點

人心不要太僵硬、太固執了，否則吃虧的也是自己。而人的身體也應該更柔軟、更有彈性一些才好。本周的功課，反向從身體的肌肉、筋膜下手來修心。你可以上網下載 APP，跟著教練做，或買幾本與肌筋膜、拉筋伸展有關的書，好好學習抒解肌肉壓力、舒緩筋膜緊繃感的方法。去找出自己身上幾個最需要放鬆的壓痛點，多加關懷。把身體各部位都搞舒服了，才更有條件來靜心。

心的修煉是一場馬拉松，急不得也緊不得，唯有放鬆可得。

18 辛苦了，你忘記跟自己說的三個字

一般身體的累，泡熱水澡、拉筋伸展、舒展肌筋膜、吃身體所需要的營養、好好睡上一覺，休息一兩天、頂多三天就會好。身體細胞受損的部分，在人進入深層睡眠的狀態下，能自我修復、再生。一般精神上的累，能復原得比身體還快，靜心靜坐、看場好電影、去海邊踏浪、到山裡享受森林浴，甚至是吃一條閃電泡芙，品一杯好茶、好酒，注意力轉移，馬上就能放鬆下來。最厲害一招，是將淺又急的呼吸，切換為龜息，深又慢的腹式呼吸，讓全身血液有更高的帶氧量，大腦有新鮮氧氣可揮霍，即便壓力如浪潮，一直來一直來，也能輕鬆以對。

慢性疲勞累得沒完沒了

一般身體與精神上的累好解決，但有一種身心俱疲的累，不管怎樣睡，隔天起來都還是很累，整天沒精神。

這是一種沒有咖啡因就提不起勁的疲憊感，有時伴隨全身肌肉無力、不能久站、勞動後極度疲憊難以恢復。有人會喉嚨痛、頸部與腋下淋巴結壓痛，無紅腫的關節痛、頭痛新發生或原有的頭痛加劇……各種痛。情志上有認知功能下降的跡象，忘東忘西、判斷失準、注意力不集中、少氣懶言。情緒上容易焦慮、暴怒、躁動或較為敏感。借用古醫書《金匱要略》中一段對「百合病」的傳神形容，即是「意欲食復不能食，常默然，欲臥不能臥，欲行不能行」，想吃不能吃、想睡不能睡、想走沒有力氣走，總之就是不知道在累什麼，就是累得沒完沒了。出現以上症狀，有可能是罹患了「慢性疲勞」。

但不是說你覺得有無力感、倦怠感，又髒又累像塊破抹布般的耗盡感，就一定是慢性疲勞。要被歸為慢性疲勞症候群（Chronic Fatigue Syndrome，簡稱CFS）沒那麼單純。除了要有四個或超過四個上述症狀外，還必須排除這些症狀不是因為某種疾病所造成的，例如感冒的喉嚨痛、退化性的關節不適，都要排除在外。必須是屬於不明原因的持續疲勞長達六個月以上，且無法從休息中得到緩解，才能診斷為CFS。所以大家無須過度緊張。

預防針先打先贏

再來了解一下CFS最常纏上哪些人。最典型的案例是那種外頭有工作，回家又要顧小孩、顧公婆，蠟燭兩頭燒的女強人，最容易發展成為慢性疲勞一族，發生率女性為男性的兩倍。其次是處於高壓工作環境中的上班族，責任感強、工作能力強、日理萬機的強人，也很容易因能者多勞、操勞過度而加入CFS一族。關鍵的危險因子是「工作壓力大」+「生活作息不正常」。

面對慢性疲勞這種病，目前醫界尚未研發出任何真正有效的萬靈丹。吃止痛藥、消炎藥、抗憂鬱的藥，都只能緩解症狀，獲得短暫的舒服。所幸，我們不用等到真的變成一種病，才來處理它，慢性疲勞的發生，是有徵兆的，它是從種種小疲勞，逐漸累積而成的極度過勞。看懂徵兆、了解好發族群後，這一周的功課，我們要來提前打預防針，利用以下方法，將種種小疲勞，一點一滴卸下、排掉。治於未病之前！

去掉幾個習慣，遠離危險因子

√ 連續加班超過二十天。

√ 靠咖啡提神一天喝好幾杯。

√ 頭一痛就吃止痛藥。

√ 關節一痛就噴消炎藥。

√把氣出在同事或家人身上。

√向人抱怨處境。

√周末昏睡一整天。

√周間不動，周末才運動。

√所有事親力親爲，肩上擔子太重。

增加幾個習慣，幫助疲勞感歸零

√練習靜心觀想。

√享受溫暖陽光。

√能走就少搭車。

√去山上森呼吸，針葉林尤佳。

√到海邊沙灘脫去鞋襪踏浪。

√泡溫泉或足浴或岩盤浴。

√暫別3C產品一整天。

√報名瑜伽、皮拉提斯課程。

√ 穴位按摩，自己按或去給專業的按。

√ 逐漸增加運動強度，促進腦內啡分泌。

√ 探險。去沒去過的地方，做沒做過的事。

√ 一次只專注做一件自己喜歡的事。例如照顧盆栽、編織、遛狗、洗車、刷浴室，甚至是什麼也不做，單純放空，歸零效果都很好。

此外，若有宗教信仰，不妨多去佛寺轉轉、做禮拜。想辦法替自己安排一段假期去朝聖，麥加、拉薩、日本四國遍路、印度菩提迦耶、西班牙聖地牙哥康波斯特拉，或參加島內的繞境活動，都對身心靈整合、疲憊感歸零，有奇效。

19 指責別人前，先修剪心中雜草

心理學家發現，一個人最喜歡用來指責、責怪、攻擊別人的那些「點」，比方說愛遲到、小家子氣、吝嗇、傲嬌，往往正是自己最不足的地方。

他人就像一面魔鏡，能很忠實的反映出自己的原貌。就連心裡最隱密的幽微角落、最不願意面對的過去、特別令自己害怕的自我人格特質，那些不堪的、醜惡的、令人厭惡的，透過這面魔鏡，都能看得一清二楚。

魔鏡啊魔鏡，誰是這世界上最機車的媳婦

舉例來說，一個總是逢人便抱怨媳婦不孝、不聽人話、沒照三餐請安的婆婆，極有可能自己當人家媳婦時，也當得滿有個性的，不見得有多乖巧。而另一個不斷辱罵小孩豬頭豬腦怎麼那麼笨的爸爸，其實自己才是最不聰明、最需要開智慧的那一個。還有一個不知自省、責怪人

最會的老闆，經常數落員工沒禮貌、脾氣不好、SOP有問題、能力有問題、智商有問題，其實，都罵到自己了啦！指責越多，破綻越多，看上去像在罵人，實則暴露出自己的短處，攤在陽光下，人人都能輕易看見，只有自己看不到。

稍稍觀察一下周圍的人，就能發現更多活生生的例子。

為什麼自己的缺點會反射在他人身上，自己卻看不見呢？「因為這樣子比較輕鬆啊！」心理學家分析，當人指出他人「缺點」，並用盡全力責罵時，很容易就能忘卻自身的缺失、失敗。於是能自我感覺良好，於心情上比較輕鬆，所以很多人無意識不知不覺就會這麼做。

這好比一個人滿嘴吃得髒兮兮的，到河邊，卻嘲笑水中的倒影不夠乾淨。所謂他人的「缺點」，經常就只是一個幻相性的存在，它不一定是真的，很有可能是自心的倒影。靜下心來，你我都有足夠的智慧能分辨清楚。

像佛？還是一坨大便？

看別人，看著看著，就看到了自己。怎麼會這樣人我無別呢？因為宇宙大爆炸以前，所有都是一個「一」，無別無二，然後才一生二、二生三、三生萬物這樣。人我之間、人與萬物之間，原本實為一體，而分開之後還會互相纏結影響。就像被科學家分隔兩地的量子一樣，只要它們曾經在一起、曾「配對」過，一個送到小島，相隔十萬八千里遠，一個留在實驗，只要一個被觀測到是正的，另一個一定是反的，不管實驗幾次都一樣。

旅行、修行都可以找自己，都是向內心深處的遠遊。但如果你不喜歡遠遊，偏好像隻貓一樣宅在家裡，宅在一個自己的地盤內，那是不是就找不到自己了？沒那麼無解，你還可以從別人眼中看見自己啊！有朋友就行。

我最喜歡的「你看我我看你」故事，是蘇東坡與佛印大師的經典ＰＫ。蘇東坡與佛印大師兩人都很有學問，經常一起切磋佛學、文學。有一天，兩人靜心靜坐時，蘇東坡一時興起突然想要撂倒佛印、捉弄他一下。就問，大師啊，你看我現在的坐姿，像什麼呢？佛印說，「像佛！」接著反問，「那你看我像？」是坨「大便」無誤，文豪平常寫詩寫得高雅，卻挑了個最粗俗的字眼來開朋友玩笑。蘇東坡心裡演著「哈哈，你是大便、你是大便，這回輸了吧！」的得意小劇場，卻被蘇小妹一語道破，人家心中有佛，自然看人人都慈悲如佛、莊嚴如佛，哥，原來你心中都是大便啊！

這則有趣的故事，提醒了我，當看任何人不順眼時，其實是看自己最不順眼啊！要趕快好好自我梳理一番。另外一個反向的運用，就是能藉此了解人心，當有人指責別人「好奸詐」、「好計較」的時候，總是沒錯，那個愛指責別人的人，的確有「奸詐」、「計較」的特色，屢試不爽。

深植人心的刮鬍子廣告

我曾看過一則經典廣告，帥氣男主角站在鏡子前說，「刮鬍子，要看著自己，還有，要刮別人鬍子，先把自己的刮乾淨。」說得真是太精闢了！看一遍我就牢牢記住。

覺得自己永遠是對的，錯都在別人身上？對著人發火？暗自生悶氣？其實都不必。那生自己的氣、自怨自艾、說自己去下地獄好了？更是沒有必要！心裡的塵埃擦一擦、雜草剪一剪就好。試試看，當這一周有任何不滿情緒時，先不急著罵人，改從梳理自己下手，體驗身心靈越梳理越清爽的感覺。改變心情、改變命運，就是這麼簡單。

20 洛桑瘋三分鐘養生，專心放空

在診所或到各地演講，我經常推薦大家靜坐靜心。因為現代人很多疾病的產生，除了空氣汙染、時令變化等外在因素，很大一部分都能歸咎於內因，比方說喜怒憂思悲恐驚七情過極。而各種情緒太超過而致病，皆與「心靜不下來」有關。

你心靜不下來，壓力便無從釋放。各種雜亂的思緒糾結在一起，剪不斷理還亂，日積月累的心結越綁越緊，心情不美麗不只使肌肉筋膜緊繃，致使循環不佳，還容易使交感神經運作太過於旺盛，連帶內分泌平衡、免疫力、消化力，都出狀況。原本好好的一顆心，一顆寧靜堅毅、潔淨無瑕、無雜染的金剛心，卻因著種種錯誤的見解，而成為毒的容器、成為萬病之源，那多可惜啊！身體中毒，一定能找到解藥，但心病、心裡的毒，藥石罔效，吃什麼靈丹妙藥都沒辦法醫。人生最難，莫過於此。

所以說我認為，不生病好命人的養成，當以「靜心」為首要之務。

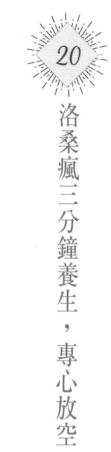

心猿意馬坐都坐不住

一打坐下去，有人就要說啦，「醫生，怎麼辦，我越坐心越煩、心越亂。」「想到那個欠我幾百萬的，就坐不下去、靜不下來。」「我不甘心，他憑什麼可以這樣對我。」剛開始靜心的人，腦中紛紛浮現各式各樣雜七雜八的念頭，很正常，我以前也會這樣。各種妄念、雜念的出現，是在排心靈上的毒，是淨化心靈必經的過程。就像我們在做身體淨化療程時，可能會出現種種「好轉反應」，例如頭暈目眩、想吐嘔吐、拉肚子、起疹子等，古人說「不起眩瞑，症狀不癒」就是這個意思。看起來好像是症狀加重、惡化，但實際上這是使身體恢復健康的一個過程，特別是那些生理功能鈍化、從沒做過排毒的，好轉反應特別明顯。

佛學典籍形容不能安住、喜歡攀緣外境的一顆心，就像是跳上跳下的猿猴、像是一受刺激就往外衝的野馬一樣，我覺得十分傳神。而要馴化這樣的一顆心，就像馴野牛馴悍馬一樣，是很有挑戰的，成功之後，還特別有成就感。

當你覺得調伏自心很難，靜靜坐著無法讓各種念頭像河水上頭的落葉，自然而然漂過來又流過去。那就先不用勉強自己一定要坐。可以改做比較有趣的「洛桑瘋」。這是一種動態的靜心，尤其適合心煩意亂、心猿意馬坐都坐不住的時刻。這一周的靜心功課，就是來練習這三分鐘的簡易養生操。當然，如果你體力好，多做五分鐘、十分鐘更好。

請你跟我一起這樣做

步驟一，輕閉雙眼。（圖5）

步驟二，全身放鬆，簡單舒展一下肩肘關節。（圖6）

步驟三，踮起腳尖。（圖7）

步驟四，原地踮腳踏步加擺手。

（圖8）（圖9）（圖10）

做洛桑瘋時，有時候會做到同手同腳，或不同手不同腳，都沒有關係，只要繼續動就好。什麼都不必想，連呼吸都不用管，自然呼吸即可。活在當下，全神貫注做好這個動作。表情最好是愉快的，帶著微笑的。你若笑著，享受著心安神定、享受著血液暢行全身的感

圖5

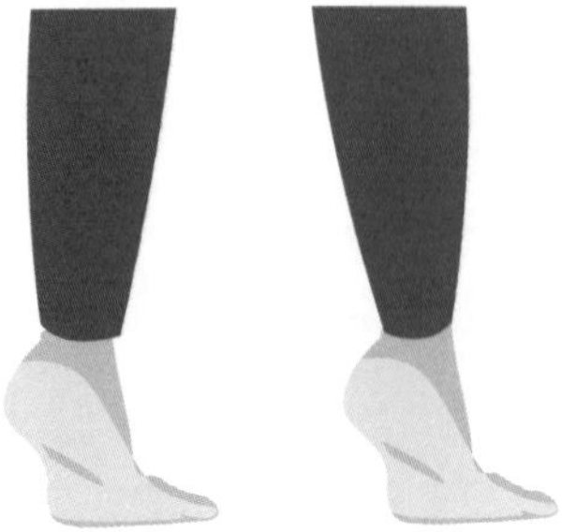

圖 7

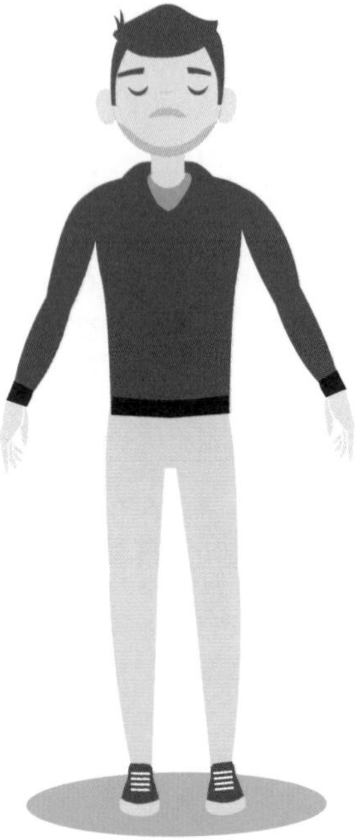

圖 6

圖 8

圖 9

圖 10

覺，心情馬上會跟著好起來。

動態的洛桑瘋靜心，比傳統靜坐靜心還多了一項好處，那就是藉由原地踮腳尖踏步運動，強化小腿幫浦的功能，將停滯在下半身的血液，帶回心臟、重新在肺臟換新鮮氧氣。很簡單的一個養生操，卻對維持心血管健康非常有益處，能降低腦梗塞、心臟病找上門的機率。

從前修行者靜坐太久，有時腿麻腳麻妨礙修行，便發明了各種瑜伽動作，解決長久不動的不適感。當你以靜坐方式練習靜心，並覺得血液循環不暢或是即將睡著，無法繼續下去時，可間歇搭配「洛桑瘋」舒活筋骨、動動手腳、動動全身，增加身體帶氧量，讓自己煥然一新。靜心不一定非得是靜態靜坐的靜心，也可以是動態的。就像有人「坐」禪，也有人「行」禪。方法不拘，能達到靜心放鬆的目的便好。（上 YouTube 輸入「洛桑瘋」，即可搜尋到影片）

21 你不退休，免疫力就不退休

壓力，是越壓越有力？還是會削減免疫反應，引起種種不適，具體哪裡不舒服也不好說，總之全身都怪怪的？50⁺這個超過五十歲的族群，來我的診所做保養的非常多。50⁺一族大多事業有成又懂生活，「哈哈，我明年要退休帶老婆去環遊世界。」「該交棒給兒子囉！終於可以閒下來。」「小時候被老師念、工作被老闆念、在家被老婆念，哼，等我退休，老子一個人搬去山上，誰都不能念我。」他們這樣說，滿臉期待的樣子。

退休？想得美喔！我一定會潑他們冷水「不可以，千萬不能退」就像工作壓力特別大的那些人，一休年假就會生大病那樣。不管你50⁺、60⁺、70⁺，甚至80⁺，都不可以不做事。退休若退化成整天無所事事，最怕一鬆懈下來，從高壓瞬間轉為無壓，身體隨著心態放鬆而變得懶洋洋，免疫細胞們也跟著「退休」了！忘了要去偵查初期腫瘤細胞的突變、忘了要打擊病毒維持人體內的和平、什麼都忘了。那就慘了！缺少適度的壓力來激活細胞們，早衰、阿茲海默症、肌肉骨質快速流失……都有可能發生。

勞逸適中，壓力適中

除了老的在動歪腦筋，如今少的也很愛打「如意算盤」。聽年輕女孩說起未來志向，「當然是嫁到好人家當少奶奶，什麼事都不用做，多輕鬆！」也有天天加班的朋友跟我抱怨工作很累，「趁年輕趕快把錢賺一賺，五十歲就退休，天天睡到自然醒，多棒！」

站在預防醫學的角度來看，過度安逸的人與過度勞累的人，是病魔最喜歡找的兩種人。「勞逸與健康」、「壓力與健康」的關係，都呈現U形曲線。意思就是，壓力太大或太小，勞務太多或太少，都是最不利於健康的。而處於中間壓力時、勞逸適中時，疾病發生率最低。剛剛好的壓力、有勞作有休息，才是對人最好的。以上，古人用「中庸之道」四個字就全部講完了。

東方哲學裡的「中庸之道」，不是庸庸碌碌的意思喔，不是讓你像爛泥一樣得過且過，不是大部分人做什麼你就做什麼，很多人都誤解了中庸之道的意思了。我所欣賞的中庸之道，是一種平衡的藝術，凡事講求剛剛好。別以為剛剛好沒什麼，這「剛剛好」很需要技巧耶，你看那走鋼索的人，維持平衡多不容易啊，他們全身肌肉的協調性都要訓練有素才行。

中庸之道裡的中，意思是讓人去穩定中軸，不偏向任何一方。吃的時候，不吃太多，也不吃太少。想的時候，不想太多，也不想太少。不能不用腦，但也不好思慮過度，想到頭疼、想到晚上睡不著這樣。而高興的時候呢，大喜大樂你就樂極生悲，掌握住恰到好處的愉悅感、恰如其分的舒適感，這才叫剛剛好。是不是？「剛剛好」不容易吧！不只需要「技術」，簡直已經達到「藝術」層級。

你本來有壓力，現在一下子放掉，你本來勞動很多、勞心很多，現在一下子什麼事都沒有，全然地安逸。這跟壓力爆表、過勞中風、過勞心肌梗塞一樣，都是走在極端，這可是會出人命的！

靜心持中，平心理氣

本周心的修煉，就是要預防大家鬧出人命，來練習練習心的「持中」。先觀察中這個字，一直豎不偏不倚剛好在正中間，觀想自己即是那一豎，不偏向任何一方。去檢查自己的身心靈，有沒有持中？

第(1)，補不足瀉有餘。不足的才要補，若已經營養過剩，就別再盲目進補，或過食營養補充品。太多的就要排掉、用掉，太多的熱量、太多的濕氣、太多的毒素，甚至是太 High 的情緒都要瀉掉。

第(2)，剎車與油門並用。若副交感神經太過、整個人放太鬆，還真會變成「肉鬆」，體態肥軟，隨便動一下就喊累，也常常會過敏。過度安逸、無所事事的退休狀態，讓人不知不覺就落入這樣容易疲倦、倦怠的陷阱，所以我才說「不能退休」。刺激、運動、挑戰、壓力、接觸新的人事物，類似踩油門的作用，不能完全沒有，完全沒踩油門，人跟機器一樣，久沒用，一用就容易故障。

而有在上班的人，平常就有很多事情可以緊張、焦慮，有很多壓力要面對，像這樣認真打拼的人，交感神經幾乎都特別活躍。但活躍到晚上不好睡時，就需要「持中」，踩踩剎車。所有放鬆的、愉悅的、享受的，都有類似剎車的作用。

補瀉做了，油門跟剎車也會用了之後，還可以觀想平和、平安的「平」字。平，左邊一個點，右邊也一個點，剛剛好平衡、重量均勻，不會歪一邊。遇到人，不過分地去喜愛他或討厭他。遇到事，不執著於善，也不執著於惡。如此，可保一世平安。

22 感謝苦的禮物，珍視它、放下它

佛說，人有八苦「生、老、病、死、愛別離、恨長久、求不得、放不下」跟所喜愛人的無法恆久相聚，而那惹人厭的卻偏偏趕不走，經常要看到。想要的東西得不到，得到了好像又沒想像中的那麼快樂，於是接著又想著要另一樣東西了，一直沒完沒了。想想這樣的人生，還真是荒謬。投生在地球上的我們，彷彿住在一列駛向死亡終點的火車上。求學、求職、求婚（或者是求不婚）的每一站，站站有人上車、有人下車。「不求同年同月同日生，但求同年同月同日死。」武俠小說寫兄弟結盟、夫妻結縭，這是最經典的誓言，不過即便是雙胞胎，同死同生的機率其實也非常低。小說看看就好，跟它認真你就輸了。

無可避免的無常

整個宇宙，都在一個「無常」的規則下運作。西方哲學家說，「這世上唯一不變的真理，就是沒有什麼是不會改變的。」聽起來很像在耍嘴皮子，但說得卻一點都沒錯。生而為人一定能體驗到無常，不管願不願意、能不能理解它、是不是對它很生氣，無常終究會不斷發生、一再發生。

有些關係像是葉子，季節轉換、風吹過來，它頭也不回的離開。有些關係像樹枝，看似「可靠」不會隨便跑掉，不像葉子那般無情，但其實樹枝也挺脆弱的，颱風一吹、遇上一隻胖松鼠，也是會折斷。看起來再堅實不過的東西，好比石頭吧！你以為它一直都在那？沒有，石頭也臣服在無常的規則下，或者被風化，也可能被滴水穿石，總之，什麼時候出現？什麼時候消失？還是那兩個字，無常。

難道人就只能屈服於命運，被動地「被無常」？若真如此，那這樣的人生，還真是苦不堪言啊！你會想要從苦海裡解脫嗎？如果答案是肯定的，恭喜你，已經有了個很好的開始。當你會開始思考，「人生為什麼這麼苦啊？」的時候，就是你自心自性即將覺醒的時候。

不去抵抗即是最好的抵抗

西藏人從小在嚴峻的山區中成長，知道下雪了，什麼事都幹不了，不會因此感到懊惱。藏區山很高、一重重的、路又不太好，大家都能了解一天之內不可能趕太多路，不會因此而苦惱。因為理解、接受，而很容易釋懷，外人眼中的不順，藏人皆習以為常，覺得沒什麼、再自然不過！

天氣啊，有時候會太熱、太冷，人生啊，有時樂、有時候很苦。藏人之所以樂天，不是因為沒經歷過痛苦，而是因為了解無常，知道挫折、事情不如預期，遭人誤解、不受尊重、被情緒失控的人牽連……都有可能發生。遇上種種苦，會珍惜這樣的體驗，不會去對抗它，趁機體悟到有白天就會有黑夜、有陽就會有陰、有樂便會有苦、有生便有死，這些都是必然，沒什麼好抗拒的。

遇到苦，自然而然就接受它、理解它，然後放下它，最後徹頭徹尾不管它。

避免痛苦被無限放大、避免焦慮被無止盡擴散最好的方法就是不要理它。有趣的是，當你不著急改變它、對抗它時，它就會從你的世界裡消失了。世界的模樣，取決你凝視它的目光，當你不看它的時候，它就不存在了。

放心，一切安好

藉由思維苦、去理解苦，增長厭離心後，下個階段就是放下。讓身心靈徹底放空，同時也得到最完全的放鬆，心呢，則處於一種安好的靜止狀態。順帶一提，全然的放鬆體驗，還有助於為過度緊繃操勞的人，強化自癒力與免疫力。

厭離世間，將幫助你不受人世間種種有趣的人事物、討厭的人事物所綑綁牽制。你把方向轉了一轉，從向外跑、被人督促著走，轉回向內，走入內在。你完全放下了，體驗到小我消失、無二無別、天人合一的美妙境界。通過禪修、止靜、培養出定，真正從苦裡解脫。

不論苦以何種形式出現，這一周，讓我們學習感謝苦的禮物。珍視它、理解它，然後放下它。任何苦痛、磨難，都是契機，讓你轉向自己內心的契機。珍惜這樣的機會、了解到它之所以出現的用意，就放它走，不必留煩惱在心上繼續折磨自己。

當你所討厭的，一直陰魂不散，一直出來搗亂，「不要理他」！時候到了，他也會下車、自行退散。越是關注他，越會強化彼此間的連結。我們的心，是塊聖地，你只讓好東西進來。

當你所喜愛的，時候到了要下車時，感謝他豐富你的人生，笑著跟他說「謝謝」和「再見」。生命會不斷轉換為各種形式，聚散離合經常發生，若把對他的美好感覺放在心中，總有再相遇的一天。

常人以無常為苦，卻不知苦亦無常。只要你的心願意，離苦是不到一秒鐘的事情，當下，便可沉浸於物我兩忘的安穩與快樂之境中。

23 精準下足繡花功夫，靜心四穴DIY

剛來臺灣求學的時候，我是靠追劇學的中文，我最愛看歷史古裝劇與功夫片，看到入迷，一連好幾天都只睡一、兩個小時。當學生、年輕時肝還新鮮，哪裡知道累，現在白天還要看診，可就沒辦法這樣揮霍了。

回想那時候的古裝劇，最厲害的男主角不是那些拿著各種華麗兵器，打得大粒汗小粒汗、頭髮亂，又灰頭土臉的。而是很有仙氣地飄出來，敵人連他什麼樣都還來不及看清，「啪啪」兩下，就全昏了。高手動手從不囉嗦，完美演繹「精準」兩字，超帥！

連續劇演得其實一點也不誇張，如果瞭解人體構造，瞭解身心能量運行的方式，那確實是能用最少的力氣，達到你想要的目的。我向來認為，最好的養生方法，就是那些最簡單、最容易學、最容易執行，又最不需要工具的方法。我最喜歡教大家的，也都是這種帥氣又精準的方法。

別緊張，這周不是要你學打架，而是要請你喚醒自己身體裡的良醫，學四個能幫助心情沉靜下來「靜心速效好穴」，分別是「神門」、「少海」、「內關」以及「膻中」。人在江湖衝，難免有心不由己的時候，若覺得心煩意亂、心情亂糟糟時，別忘了那啟動靜心模式的按鈕，無需向外找尋，就在自己身上。

安定感首選，神門穴（圖11）

求寧心安神，從心經上的穴位下手準沒錯。我在教這個時，有人很高興跟我說，「《心經》我知道，就是念觀自在菩薩，行深般若波羅密多時，照見五蘊皆空，度一切苦厄……這樣嘛，要念幾次？」《心經》你愛念幾次都可以，不過最重要是要理解其中的內容，理解了，也能達到靜心與淨心的目的。不過呢，今天講的心經是十二經脈裡的「手少陰心經」，不是史上最精闢佛經的《般若波羅蜜多心經》啦！雖然說這兩個對靜心都滿好的。

什麼時候掐神門穴呢？睡不好、心浮浮、心煩頭痛時。當你覺得你的心好像不知道飄去了哪裡，腳不著地、沒有根的時

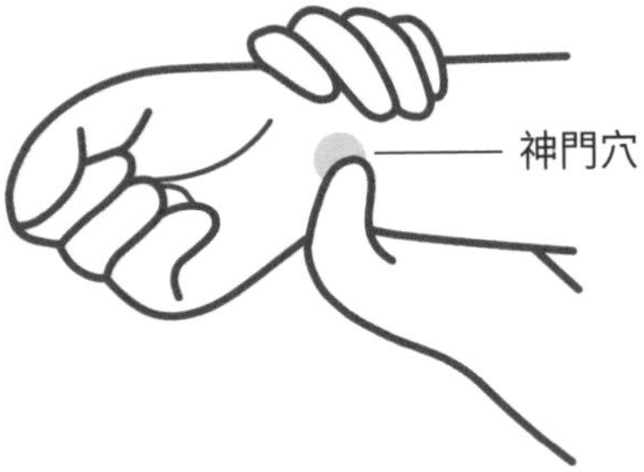

圖 11

候，你就一手微握拳，四指握住手腕、大拇指指甲掐住的腕橫紋上凹陷處，即為神門穴的位置。左右手腕都各有一個神門穴，各掐一到三分鐘，可使心情放鬆、穩定、安靜下來。用拇指指甲垂直掐按時，會出現輕微酸麻壓痛感。

心區部位疼痛，少海穴（圖12）

少海穴也是手少陰心經上的一個穴位。心經涉及心臟的搏動與血液的運行，全身大小血管、微細血管加一加總長近十萬公里，大約可繞地球兩圈半，如果心經經氣受阻，那不管是有形的心血管，還是無形的神志，都會出現失常表現。

什麼時候按少海穴呢？當你心區部位疼痛時，少海是專門理氣通絡、消腫散結的好穴。另外還有心情不美麗、感到疲憊、暗黑情緒久久不能離去的時候，用拇指指腹按壓少海，也很有沉靜心靈、淨化紛雜情緒的效果。一樣左右手各按一到三分鐘。當你屈肘成九十度時，肘橫紋內側有一個凹下去的地方就是少海穴。

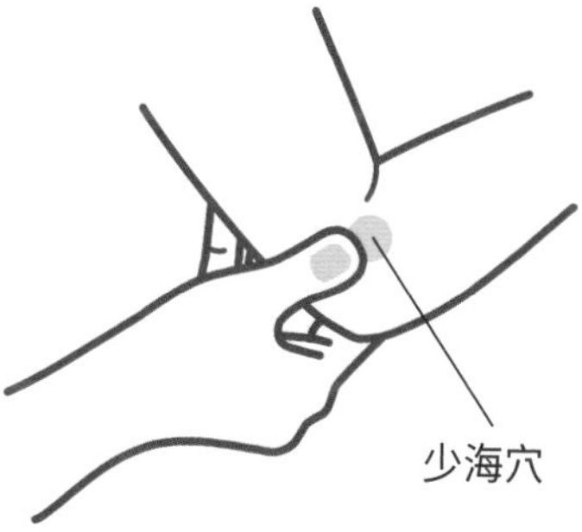

圖 12

調節自律神經，內關穴（圖13）

內關穴我用得特別多，它不但是舒緩壓力、緩解過度興奮、啟動副交感神經的好穴，在養心定神上特別好用，還有和胃、寬胸、降逆、止嘔的功效，暈船、暈機、暈車、暈酒……各種暈，都能派上用場。

你從手腕橫紋上三橫指處，兩條索狀筋之間，可定位到內關穴。如果兩條筋不明顯，你可以用力握拳，則可清楚看見掌長肌肌腱與橈側屈腕肌肌腱的線條。內關可以按壓稍微久一點，十到十五分鐘左右。我會用大拇指指腹來按，手臂比較粗壯的人，可改用大拇指節來按，能壓得比較深。

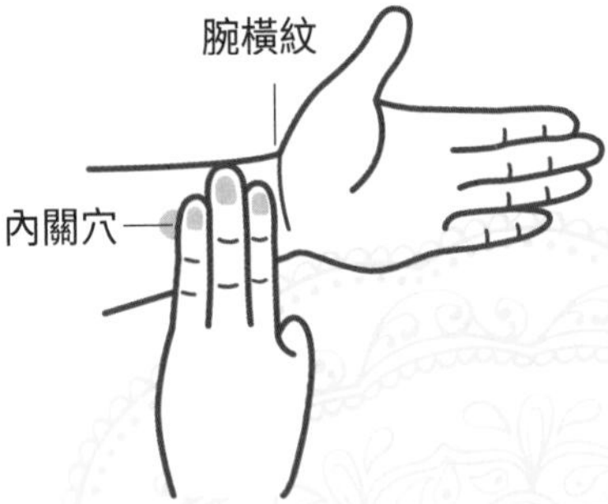

圖 13

止嘔安心定悸，膻中穴（圖14）

古裝片裡面常說打通任督二脈，功夫才能突飛猛進。今天教大家的這個膻中穴呢，就是任脈上的一個重要穴位，還真的必須得「通」才行，否則人會很不舒服。它跟內關穴可以搭配著一起用，或者輪流用。在家按膻中、外出按內關。為什麼說在家按呢？因為膻中的位置剛好在兩個乳頭間，身體前面的中線上，摸得到肋骨的話，往下數一二三四，膻中在第四肋間隙處。男生無妨，女生在外頭可能就不方便按這個位置。

指腹、指節或是力道，自己決定，要有痛感比較好，按一到三分鐘，感覺胸中暢快為止。有些人按膻中會非常痛，你可以隔著衣服，或加乳液上下來回慢慢把它刮開、鬆開。這是個對女性保健尤其重要的穴位，心不能安、乳汁不足、更年期不適，都可以按。精準養生，靜心四穴神門、少海、內關、膻中這周學起來，可備不時之需。平常有空下足繡花功夫，有恆心地多多疏通疏通，健康隨「手」可得。

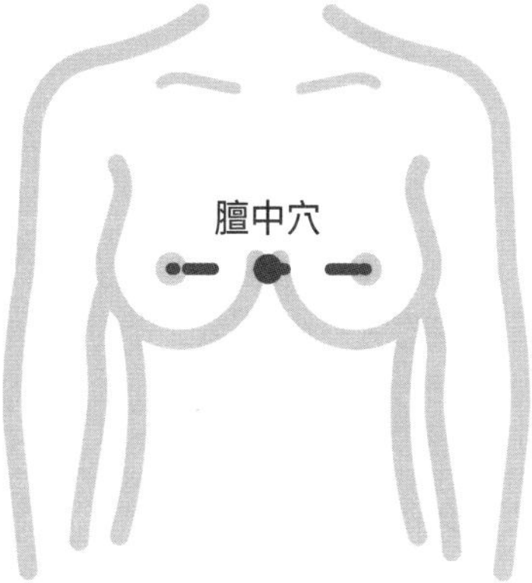

圖 14

24 困境不是問題，有問題的是心

妄念像面扭曲的鏡子。也像是一副有色的太陽眼鏡。一輪好好的太陽，在扭曲的鏡子裡可以變成十顆蛋黃，而透過有色的太陽眼鏡去看它，一輪耀眼的太陽，看上也不過只比月亮亮一點點而已。麻煩的是，妄念還不只一種，人心被各式各樣的妄念所干擾，如同戴上有色的太陽眼鏡再又透過一面扭曲的鏡子來看世間的人事物，它們能不變色變形嗎？想真正看清什麼，實在是太困難了。受妄念干擾，讓人經常搞不清狀況，還有很多的痛苦與煩惱。

討厭的敵人可愛的藍莓

妄念是什麼？妄念是一種錯誤的見解。因為貪心、嗔恨、無知、嫉妒、傲慢、懷疑所產生的錯誤見解。人深受其苦，因為妄念，人被無窮無盡的煩惱給困住，遇事永遠都覺得有問題、有困難，無法從心中升起真正的寧靜與快樂。

妄念使人產生種種誤會。比方說，無知的妄心，讓小朋友誤以為幫他打預防針的醫生是「壞人」，一看到醫生就大哭。嗔恨的妄心，讓老媽誤以為兒子新認識的女友是要來跟她搶兒子的「壞女人」，連家門都不肯讓踏進一步。傲慢的妄心，讓老闆誤把其他廠商當「敵人」，傻傻錯失了優渥的合作條件。這世上沒有真正的壞人、壞女人和敵人。一切都是君主之心，誤信了妄念這個大臣所進的讒言，才把單單純純一個人，看成是壞，並與他為敵。

妄念的荒謬，還不只於此。都說吃藍莓、草莓、蔓越莓這些莓果，有益於維護大腦健康。貪愛的妄念於是跑出來說，吃吧吃吧，盡情地吃吧！本來是好的食物，經妄念這一攪和，吃得太多太冰了，竟搞得自己胃寒噁心又想吐。再好的莓果，也就沒那麼好了。

妄念超愛貼標籤

這世界上沒有真正的壞人，也沒有真正的困境或是負面消息，情境就是情境、消息就是消息，是人心裡的妄念，去為它貼上「困難的」或「負面的」的標籤。既然有詮釋權的是心，如果你願意，其實你隨時可以為情境重新貼上「充滿挑戰性的」、「嶄新的」、「有轉機的」標籤，負面消息也可變成好消息、具有話題性的消息、核爆級消息。所以我說，困境從來都不是問題，有問題的是你的心被困住了，透過扭曲有色的鏡片來看，誤以為它是困難的。事實上，它既不是困難的，也不是容易的，也不是中性的，它的所有形容詞，都是心所賦予的。

心能靜的時候，即能拿掉層層有色的、扭曲的、破裂的鏡片，真真切切看清楚，消息就是消息，情境就是情境，沒有好壞之分。

如果你對困境、對疾病、對厄運有不好的感覺、焦慮、生氣、失望、憂鬱，想終止這些感覺最快的方法，也還是靜心。調伏自心、淨化自心，就像透過香菜螯合出細胞裡的重金屬一般，就像流汗代謝掉身體裡的老廢物質一樣，將污垢一般的妄念自我們心中分離出去。靜心、淨心之後，所有不好的感覺也將隨著妄念一併被代謝掉、處理掉，心將重獲自在、寧靜、放鬆的感覺。

真正的問題不在外面，在裡面

人往往誤以為痛苦與煩惱是外來的，是別人給的，「我兒子讓我超頭痛的。」「都是那個賤女人害我的。」「要不是因為他，我也不會損失這麼多錢。」造成你的不方便、讓你痛苦的，其實不是別人。痛苦與煩惱是從你內心跑出來的，來自於心中的妄念。所以，要解決的從來都不是外面的問題，而是心的困境。

同樣的，快樂也不是外來的，包包、鑽石、美食，能給你快樂？但也帶來許多煩惱不是？「厚，真皮的真是容易發霉。」「隔壁賊頭賊腦的，是在覬覦我的鑽石吧！」「唉！美食吃太多胖到衣服都要重買。」外頭的快樂，成分「不純」，裡頭還摻了令人煩惱的成分。唯有透過靜心、淨心，自內心升起的快樂，才是完全沒有「雜質」和「副作用」、恆久且真實的。

心受妄念汙染，煩惱重重、困難重重，行走人世間，宛如做著一場持續很久又醒不過來的惡夢，真是太辛苦了！這周心的練習是要來理解，「這世界上沒有敵人這種人」，若真要以什麼為敵，那就以你的妄念為敵吧！戰勝妄念，讓身心徹底得到安慰與解脫。

25 謝來謝去，改寫生命劇本

俗話說「智者求心不求佛，愚人求佛不求心」，不是說求神問佛沒有用，是說你求錯方法、問錯問題，那還真的沒用。又如果心夠靜、夠清醒，其實答案自在我心，根本無需外求。有智慧的人，會寫自己命運的程式碼，釋放累世深藏在細胞裡的病毒程式、木馬程式，不是用筆寫、用電腦寫，是用「心」來寫。

移除惡意程式碼

受原生家庭、社會集體意識，甚至是累世習性的牽絆，有些藏在我們潛在意識裡的負面程式，如同自動導航，牽引著我們不斷重複發生某種情節、重複去挖個坑給自己跳。人若沒有察覺到這些程式，只能像被丟在滾筒洗衣機裡一樣，不斷重複浸泡、洗淨、脫水的程序，反覆被絞擰，永遠沒辦法拿出來晾乾。

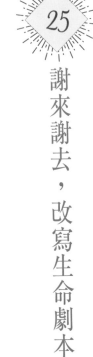

因為同一個原因，比方說總愛上負心漢，失戀好幾次的人。因為同一個原因，譬如跟女性主管老是意見不合起衝突，離職好幾次的人；因為同一個原因，血壓血糖沒控制好，住院好幾次的人；因為同一個原因，誤信小人經商失敗，虧損負債好幾次的人。站遠一點看，這些「好幾次」，簡直就像是重播節目，你的家人朋友都發現了，「啊，怎麼又來了。」或許有勸你，但你都講不聽。因為當局者迷嘛！被困在洗衣機裡，當然會很迷惘啊！你或許隱隱約約感到重播現象，又或許壓根沒注意到自己「又來了」。

藏在身心靈裡的惡意程式碼，令人覺得痛苦無比、煩惱無盡，亂糟糟的情緒不斷累積，然後爆炸，又不斷累積，又爆炸。經常地，還以疾病的方式顯化出來。但人卻一點辦法也沒有，只好怨天尤人，怪別人又怪自己，罵來罵去，不知道罵誰，乾脆就罵天吧，「天公伯啊，你也太不公平了吧，為什麼只有我這麼衰？」「為什麼是我得到癌症？」很無助地這樣呼喊。

迎接獨一無二的自己

這世界上，其實沒有真正的衰人，只有一顆不肯快樂的心。

若已經厭煩了麻煩的「壞事」一直找上門，厭倦了被那惡意程式碼牽引的人生，那就清醒過來吧！徹底清空細胞裡的各種雜訊，擦掉那些寫得不太好的程式碼，可能是被人植入的，或者自己植入的。淨化排毒後，能重新幫自己的未來寫下新的精彩的劇本，創造出你自己真正想要的人生。

首先，關掉身心靈的自動駕駛模式，開啟手動駕駛模式。

你即將清醒地知道每件事的來龍去脈、因果關係。開啟手動駕駛模式後，你可能會出現一些轉變，特別是會去篩選訊息來源。比方說好不容易把重金屬排出體外，身體自然而然就不會想要再吃含有重金屬的食物，或是一吃就想把它吐掉這樣。你的身心靈時刻保持清明警醒，會去精選真正對自己好的、忽略與放下自己所不需要的。跟沒醒來之前，人云亦云、性喜從眾的狀態很不一樣。身心靈覺醒的你，將會是非常有自信，且獨一無二的。

造句練習，好命練習

這一周，心的修煉要來練習造句。以下三步驟至少練習七次，每天至少一次。能二十一次更好，二十一是魔法數字，想要內化什麼，重複做二十一次後，就會變成習慣。

步驟(1)，停止點評、批判與抱怨。

步驟(2)，靜心歸零。

步驟(3)，用感謝的方式，來描述發生在你身上的事。

最後一點特別關鍵，覺得很難說或是想不清楚的話，嘗試用寫的，會比較容易。用感謝的正向語句，來形容你剛剛發生的事，特別是那些令你崩潰、抓狂的各種「鳥事」。

「哼！我才不要感謝他咧！」「我根本看不出他身上有哪一點好。」若發生很難從情緒裡跳脫出來的狀況，可以假裝自己是在學作文的小學生，在練習造句，以剛剛發生的鳥事為主題，句子裡必須包含「感謝」兩個字。你可以謝一個人、一隻貓、一朵花，謝來謝去若不知道要謝誰，那就謝天吧！「感謝老天讓我遇見他，讓我紮紮實實體驗到無常。」「感謝天公伯這個案子沒有成，不然我就沒空出國玩了。」。句子也可以很短，「感謝某某請我吃飯。」「好貼心喔，感謝你幫我準備這個。」要成為自己理想人生的編劇，至少要會造句！這是最起碼的條件。移除惡意程式碼、淨心且靜心、寫專屬於自己的程式碼。命運的轉變，奇妙且美妙，請務必親自體驗看看。

26

隨時隨地大膜拜，回正排濁氣

不管你樂意還是不樂意，打從智慧型手機問世後，大家每天都會花滿多時間去滑那個手機的。另一個就是長時間打鍵盤按滑鼠。做這兩件事，容易讓肩膀一高一低，或是聳肩，不自覺肩頸乃至背肌都慢慢「石化」。

很多來我診所的人，習慣性靠止痛藥來趕走頭痛。我摸了摸他們的肩頸，幾乎都像石頭一樣硬梆梆。像這類因肌肉緊繃造成的頭痛，稱為緊張型頭痛或壓力性頭痛。長期姿勢不良、心理壓力太大，都會讓頭痛個沒完沒了。因為止痛藥吃多了容易使體溫偏低，對循環和免疫都不太好，所以我通常會建議他們逐漸戒掉沒必要吃的藥，試著改做「大膜拜」來放鬆。

身體放軟，心更柔軟

當然，大膜拜若有認真做，不只能鬆肩頸，就連腰背部、腹部、大腿後側、小腿，都能一併舒展開來。主要用到肌肉包含豎脊肌、闊背肌、臀大肌、大腿後側肌群與小腿後側的腓腸肌和比目魚肌。如果平常沒有運動、伸展的習慣，體後側肌群的柔軟度，就很容易被忽略。這時候，要不因為肌肉長期緊繃、施力不當，而牽連到膝關節和骨盆，要不就是走路重心前傾、搖晃不穩，很容易跌倒。之後幾周我會請大家透過走路來靜心，在此之前，請先練習「大膜拜」以避免肌肉僵硬造成的姿勢不良。先提升自己身體的柔軟度，步伐才能更穩健、走得更遠，且比較不容易疲累。

大膜拜無論什麼人隨時隨地都可以做，不受時空與器材限制。動作操作上，需注意手腳對稱、肩膀不要一高一低，重心不偏向任何一邊。對自己身體掌握度較好的人，或許能感覺到頸椎、胸椎、腰椎一節一節慢慢鬆開。十來分鐘，即可恢復身體中軸平衡，進而達到預防骨刺、矯正駝背或骨盆歪斜的效果。觀念不僵化、不固執的人，柔軟度通常都比較好，我發現，反之亦然。透過瑜伽、靜坐，慢慢增加身體的柔軟度，也有調伏自心的效果。解決了身體的僵硬，心也會跟著一起放鬆、變得更加柔軟。

媲美倒立的種種好處

大腦是全身上下消耗氧氣特別多的器官，想越多、工作越忙、氧氣消耗越多。跟其他伸展放鬆的動作相比，比較特別的是，「大膜拜」還有媲美倒立的種種好處，對頭部尤其有益。主要在於你前彎的時候，血液回流到腦部、促進血液循環。更多的新鮮氧氣送到大腦，有助於恢復腦神經元活力、延緩腦衰老、預防腦溢血，對於緩解焦慮、穩定情緒也有一定的幫助。尤其工作難度特別高、特別燒腦的人，覺得累、頻頻打哈欠時，不妨做做「大膜拜」，思慮、記憶力、意志力、處理情緒的能力，能馬上獲得改善。說了這麼多，不試試看怎麼會知道好，快來體驗一下。

請你跟我這樣做

步驟一，雙腳打開與肩同寬。（圖15）

步驟二，雙臂上舉儘量貼近耳朵。（圖16）

步驟三，身體後仰時吸氣，眼睛向上看。（圖17）

步驟四，縮下巴儘量貼近胸口，身體下彎時吐氣。（圖18）

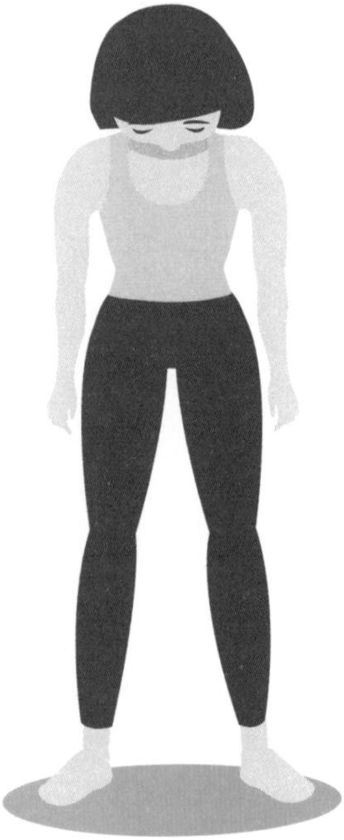

圖 15

步驟五，雙手貼地持續三十秒～兩分鐘，呼吸保持自然順暢。（圖19）

步驟六，緩慢起身，回正後雙手畫一個大圓。（圖20）

後仰的動作非常重要，尤其現代人打電腦、滑手機，頸椎、胸椎、腰椎向前彎或側傾的時間長，因此需要額外做一些向後仰的動作、矯正動作，反向做舒緩。以避免長時間保持同一姿勢，使肌肉僵化，甚至長出骨刺。注意雙手需確實著地，動作才算到位。如此，身體四平八穩、能避免向前傾覆。萬一柔軟度還沒練起來，膝蓋可以先稍微彎曲，這樣手就一定能摸到地板。等動作熟練後，還可加入觀想。想什麼呢？深深吸氣的時候，想著自己吸入

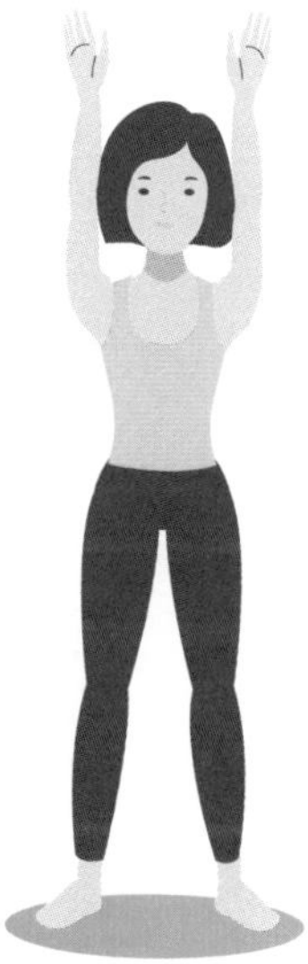

圖 16

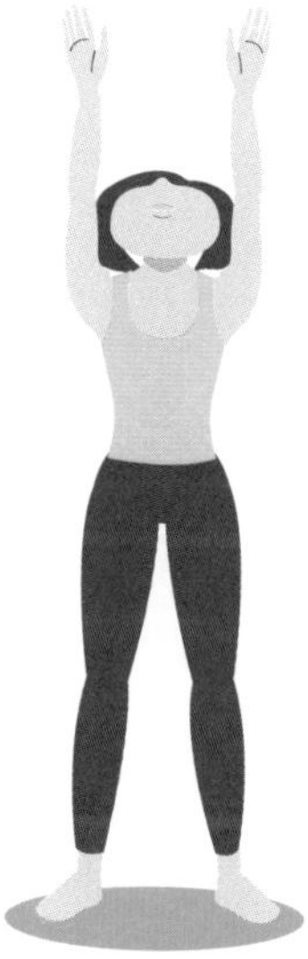

圖 17

圖 18

的是很有能量、能療癒身心靈的大自然清氣。緩緩吐氣的時候，想像自己吐出的是身體裡的濁氣、病氣、怨氣、鬱悶之氣。人體小宇宙藉由與外在大宇宙的氣體交換，重新校準、平衡身心靈，重拾與自然的連結。多多練習，你將迎來一種前所未有，寧靜安適的舒暢感。

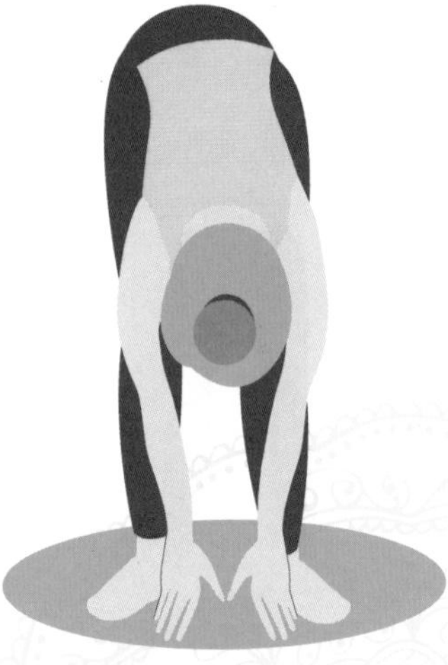

圖 19

圖 20

27 少計較，修心如秤福澤自來

現代店家攤商做生意，大多用得是電子秤，精密度高固然好，但不如古早時候的秤桿來得有意思。到鄉下地方米店，或在博物館裡，興許還能見到這樣饒富哲理的秤桿。

從前的秤桿利用槓桿原理來計算重量，木桿上共有十六刻度，能秤出一斤十六兩。每一兩都用一顆準星做代表，共十六顆秤星。其中六顆是「南斗六星」代表東南西北上下六方，提醒大家，做買賣時心要放正，不可偏斜。還有七顆乃「北斗七星」，教導人們，衡量一切，要辨明方向，不可貪、迷、莫辨是非。

尾端三顆為「福祿壽」三星，我認為寓意甚好。若耍手腕，苛扣一兩便是折福、少二兩傷祿、缺三兩折壽。處世待人寬容，多幫人想一點，多給人一些好處，那就是大方，就像是多給人一兩。多一兩如何呢？添福！多二兩，加祿，能多讓人三兩更是難得，乍看似乎虧到，放遠來看，實則是在為自己增壽。

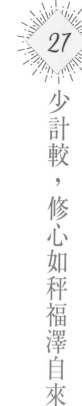

「哥秤的不是東西，而是自己的良心」我經常講，要使自己福澤深厚、心情愉快、無病無憂，不是向他人討要、錙銖必較。而是要反過來做，做什麼呢？任何「利他」的事情都好。利他，不論利大利小，都為自己積福添壽。

天總不負厚道之人

曾有人傳了篇心靈雞湯給我，其中有句話我特別喜歡，「精明的極致，是厚道」。這跟我們藏人「不計較」的處世態度非常相近。西藏人為什麼這麼「傻」？真的都不計較嗎？

我常說「聰明」跟「智慧」存在著層次上的區別。精明，屬於聰明，而智慧呢？展現出來的就是厚道，少計較、多包容、多寬恕，其實是為了讓自己活得比較沒有負擔、更輕鬆些。

你如果看過一些佛經，稍稍了解因果，就會知道，利他、厚道之人，必有後福。不計較才是比精明還更精明的啊！這很有趣，就像是捨與得，有與空，看似兩個相對立的概念，但其實是能互相轉化的。有捨才有得，先空才能有，利他厚道之後，才能享有真正屬於你的福份。掌握順序，就等於了解了宇宙的祕密。

看你開心，我就開心

這個原則，運用在行銷學上，也行得通。有去買過 Chanel、Prada 或是其他精品的人，都可能曾經得到大大小小各種不同方式，但同樣都令人愉悅心花開的體驗。比方說，大冷天的時候走進店裡，店員立馬奉上一杯熱飲。或者是在特別的紀念日，收到品牌寄來的小禮物。也有人受邀參加時尚趴，用不著掏出信用卡，就吃好、喝好、玩到飽。還有一種更高明，讓人在購買商品的同時，還順便做了慈善與環保。

貼心、體己、驚豔、驚喜、繽紛、熱鬧、環保、愛地球的品牌形象，透過種種顧客體驗，深植人心。這些品牌都很大方、很願意付出，提升的不只是品牌形象，還得到了不少與之氣味相投的好客人。

其實也不一定是精品，現在有越來越多有 Sense 的平價品牌，也很重視顧客服務、顧客體驗。賣男裝的，把休息區布置得很妥當，咖啡、飲料都伺候好，陪男士逛街的太太們，舒舒服服坐著便可品頭論足一番，越舒服、待得越久、買得越多。

越會算，越吃虧

超市不吝嗇給人試吃的，專櫃保養品不吝嗇供人試用的，只要東西不要太差，通常能賣出好成績。如果你今天碰到一個小家子氣、小鼻子小眼睛的店員跟你說，「沒買就不要亂摸」。即便爺／老娘今天就是來花錢的，也不會想把業績做給他吧！

對人苛薄，即是對自己苛薄，處處與人斤斤計較，算盤越打是越不如意。怕吃虧的人往往最虧。因為都關注在不好的事情上面嘛，就算福神來送禮物，看人這樣「精明會算」，「那都給你算就好啦！」索性就走了。

宇宙的祕密被我翻來覆去講了好幾次，都快不是祕密了，別忘了，大家都是一體的，利他，即是利己。你好我好大家好，這樣是最好的！這一周，來練習厚道，「不計較」或「分享」每天至少做一次。

福神始終不會忘記那些願意和他人分享福氣的人，因為福神本身也就是這樣喜歡分享的厚道存在。不計較不是因為傻或笨或數學不好，厚道的人如福澤深厚的宰相一般，肚裡能撐船，渡己，也渡人。

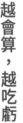

28 不急著變老，做這些延長端粒

古代帝王尋求長生不老之術，不少人搞錯方向，誤食含汞「仙丹」，延壽不成反倒英年早逝。現代科學家研究出來，要讓人不這麼快衰老，哪需要吃什麼仙丹？維持「端粒」的長度才是關鍵。

端粒是什麼呢？「端粒」（Telomere）是一種位於細胞染色體末端的結構，可保護染色體基因不受破壞。科學家形容端粒像是位於DNA末端，如同鞋帶尖端塑膠箍一般的存在。我喜歡以單眼相機做比喻，端粒相當於鏡頭前多加的那片保護鏡。細胞每分裂一次、DNA複製一次，過程中，端粒就會縮短一些。隨年歲漸長，端粒將越來越短，短到失去保護作用時，細胞就會停下複製分裂的腳步。也就是說，細胞不再擁有再生與修復的能力，開始進入凋亡期，這時候骨質流失、大腦認知能力降低、皮膚開始出現皺紋。接著可能出現一些因老化而產生的疾病。小小的、肉眼看不見的端粒，卻關乎著生老病死這等大事。

難道人只能消極地等著端粒漸漸變短、消失，而束手無策？以前可能是這樣，但現在不同了！研究生物學、醫學的專家，發現端粒不只接受遺傳指令，還會「傾聽」人的想法、「回應」人的感覺。假設說你的心是董事長，那端粒就像是個忠心且稱職的祕書，總能知道自家老闆的心意，因而做出反應。如果你能當個好老闆，祕書就不會老想著要離職，一切運作都會很順利。

你有怎樣的遺傳，是天生的，但要讓壞掉的種子發芽？還是要讓好的種子茁壯？是後天的，人心是有選擇權的。本周，你要知道什麼是對自己真正好的。用心，來取得生存優勢，延長、保護你的端粒。遺傳疾病固然像顆子彈，但你要不要扣下板機，讓它真正具有殺傷力，其實是由自己的心來決定的。

你這樣，端粒會變短

除了歲月催人老，還有什麼因素格外容易使端粒變短？抽菸、酗酒，以及長時間無法卸下的慢性壓力。學者在比較眾人的端粒長度時發現，需要照顧重症病患，以及容易悲觀、憤怒、驚慌、對他人懷有敵意的人，擁有短端粒的機率比較高。

所幸，透過一些生活策略，即能扭轉局面。例如，即便家中有重症病患，若能將照顧的擔子多方分攤在親友與專業看護身上，別讓重擔全落在同一個照顧者身上，那就沒有人的端粒會因此而縮短。懂得分攤，再重的重量都不怕。請大家務必要互相幫忙。未來的環境可能會很艱難，我們最好即早學會分享和互助，可避免很多遺憾。

不讓端粒因故縮短，算是做了第一層預防。接著第二層預防，要學會如何保護端粒，推遲細胞老化的時間。

你這樣，端粒很喜歡

據統計，老得慢的人，通常做了以下五件好事情。

√ 第一，懂得排解壓力。

√ 第二，經常靜坐觀想。

√ 第三，享有優質飲食。

√ 第四，每周運動三次。

√ 第五，從人際關係中得到溫暖支持。

壓力不能沒有，短暫的壓力，有助於身體的免疫機制。但長期的慢性壓力則需要適時釋放。享受珍貴的友誼、開心唱歌跳舞、每天留一段靜心的時間給自己、定期按摩SPA、旅行接觸新事物……選自己喜歡的放鬆方式來做就好。經常靜坐觀想能維護端粒健康、預防早衰，亦與抒壓有關。

享有優質飲食的方法也很多元。比方說食用種類豐富的蔬果、攝取含Omega3的食物（比方說鮭魚、酪梨、堅果）、多品嘗新鮮原型食物少吃精製加工品，避免攝入太多精製糖令自己提早衰老等。運動方面，常到空氣清新的針葉林中健走尤佳，若能再脫掉鞋襪踏踏泥土，接接地氣就更棒了。最後一項，與安全感有關，住在凝聚力高的友善社區，或是有一些志同道合的好朋友，也可以是親人之間關係緊密和諧能互相支援。有安全感，也有助於令端粒保持強健。

保護端粒，人就可以老得慢，雖不能避免死亡，但可以避免老的時候臥床。光這一點，就很值了！

29 巧妙運用斷食，身心靈再進化

健康加減顧。選擇適合自己的好食物來補身，是加法，這個大家都很會。這周，來學一般人平常比較少用的減法，透過十六小時輕斷食，啟動自癒力。不吃，不光是為了更新身體，也是為了頭腦的清明與心緒上的安定，想要得到更純淨的靜心體驗，身體，一定得先淨化一下。

美國麻省理工學院曾做了項斷食實驗，發現斷食二十四小時的老鼠，腸道幹細胞的再生能力顯著提升。而英國倫敦大學健康老化研究所（Institute of Health Ageing）也想知道限食與增壽之間是否為正相關，他們控制老鼠食量減少百分之四十，結果竟讓老鼠們多活了百分之二十到三十的壽命。若換算成人類年齡，多活百分之三十相當於增壽超過二十年啊！另外還有減少癌細胞產生方面的研究，斷食不但可以減緩罹癌老鼠身上癌細胞增生的速度，斷食組的老鼠在接受癌症放射療法與化療時，出現的副作用也較少。

神醫口傳極上養生古法

現代西方科學講實驗、求數據，非抓幾隻老鼠來研究不可。古希臘人不靠老鼠，就知道不吃也是一種選擇，比非自願性的挨餓境界還高，他們以出於自願的斷食療法來純化、淨化自己。亞洲人實行斷食的歷史也有好幾千年，修行者親自體會限食的種種好處，包含身體上的，與心靈上的，「身心俱得輕利明快」有人這樣形容。宗教上的斷食，求得是一個乾乾淨淨，能與天上神聖的心靈更靠近。而醫學上的斷食，為得是一個徹徹底底，能從此擺脫疾病。

時間回溯到西元前六世紀。某天，目連尊者去拜訪古印度神醫耆婆，問他：「我門下弟子有病，怎麼辦？」耆婆回：「只有斷食能從根本上治癒疾病。」神醫不愧是神醫，說話精闢又實在，在還沒有各種精密檢查儀器的佛陀年代，神醫即能從再生、免疫醫學的角度來診治疾病，果然很神！

不過神醫境界太高了，光憑這一句，我們哪裡會知道斷食為何如此神奇，所幸，做事很仔細的日本人，終於在二〇一六年把其中的機制講清楚了。獲得諾貝爾生理醫學獎的日本教授大隅良典為大家說明了「細胞自噬」（Autophagy）的原理，人在斷食的時候，老舊細胞會啟動一種自己吃掉自己並將資源回收再利用的機制，身體不會把老的、壞的排出去，而是把垃圾變黃金，重新做出一些新的細胞來。每次都聽人喊「我要餓死、要餓死了啦！」其實，稍微餓一下根本「死」不了，相反的，還會「生」，身體一方面再生新細胞，一方面還順便清除對人體有害的蛋白質和胞器，控管老化所造成的傷害。

長壽基因不是傳說，真的有

剛剛講得是回收、再生，現在講得是「修復」。靠什麼呢？靠的是長壽基因去乙醯化酶（Sirtuin）。正是這種酶讓人類能在高溫曝晒、缺水缺糧等各種艱難的生活條件中，繼續存活下去。它主要的工作，就是修復。這世界上有兩種人，第一種人活到五十歲，看上去卻像是一百歲這麼老，表示他身體裡是自由基佔上風。第二種是活到一百歲，看起來卻只有五十歲，這表示他身體裡的去乙醯化酶確實有好好工作。當然啦！要我選，我要第二種。

長壽基因去乙醯化酶去哪買？還是從什麼食物中我們能攝取到它？這玩意兒不是用吃的，恰恰相反，你空腹，它馬上就出來幫你修補細胞。去乙醯化酶跟我們的智慧之心一樣，我們天生就有，只是你不去叫它們起床，它們一直處於休眠狀態。因為它本來就是伴我們度過生存危機的一種酶，你要有一點「危機」，比方說沒東西吃，它才會出手拔刀相助。放心啦，就算你是自願性不吃，而不是古代人那樣非自願挨餓，長壽酶也會跳出來幫你的。

輕鬆限食，十六小時護一生

自古以來，古希臘人、古印度人、基督徒的斷食淨身，佛教徒的過午不食，穆斯林的齋戒月，以及道家的辟穀，限食的方式百百種。如果是為了健康考量，我認為現今十六小時的間歇性斷食最適合絕大多數人來執行，對日常作息影響最小，一樣能啟動細胞再生、修復機制。

「十六小時間歇性斷食」方法很簡單，本來一天吃三餐，現在減成兩餐。我通常是不吃晚餐，「過午不食」是佛教徒最駕輕就熟的，不吃晚餐對身體好處非常多，可成為常態。但如果你晚上要應酬，十六小時間歇性斷食就是隔天早餐晚點吃，空腹十六小時，這樣也可以，但晚上吃多了怕影響睡眠，這種的最好不要成為常態。

十六小時間歇性斷食你每周可以做一次，也可以天天做。像我如果這陣子壓力大、胃酸過多的時候，我就會多做幾天。為自己保留十六小時的空腹時間啟動再生與修復，什麼東西都不吃，但可以喝水。除了預防各種退化性疾病外，透過斷食，最明顯你會感覺到思慮更順暢、身體更輕鬆、心情更愉快……種種好處，這周請務必親自體驗看看。

30 你可以這樣想，調好自律神經

「健康檢查報告都沒什麼問題啊！為什麼老覺得身體怪怪的？」「不吃安眠藥都要躺很久才能睡著」「喝水喝很多，益生菌、泡菜、優酪乳什麼都試過了，還是時不時便祕」「經常莫名其妙頭痛」「周日晚上想到隔天要上班，就覺得心情低落」「明明吃得很營養了，也有乖乖運動，但遇到變天或身邊有人感冒，我就一定會中標」「工作壓力大，經常誤餐，下了班再補吃，胃常會不舒服」「總是覺得累，休息也沒辦法改善」以上，都有可能是自律神經失調所造成的問題。雖不到「病」的程度，但也是夠惱人了。等等教你怎樣用「靜心」，來解決這些惱人的問題。

交感與副交感各有所長

先來簡單了解一下自律神經，它由交感神經系統（SNS）與副交感神經系統（PNS）所組成。醫生最常跟病患說明的方式，是把交感比喻作油門、副交感比作剎車。一緊一鬆、一陽一陰，兩者相互配合，也相互拮抗。若配合、拮抗有度，取得平衡，那上面那些問題，就通通不成問題。

交感神經處於主導地位時，心跳變快、血管收縮、血壓上升、呼吸加快，白血球中的「顆粒球」數量增加以處理外來的細菌感染，身體充滿幹勁，能應付各種突發事件，例如臺灣黑熊撲過來或是老婆吼過來的時候。身體自主判斷現在是準備開戰或準備逃走的關鍵時刻，會立馬將無關緊要的工作都停了下來，比方說降低消化率，胃酸減少、唾液減少、膽汁分泌減少、腸道蠕動減少。人若在這時候吃東西，很容易消化不良。

而當副交感神經處於主導地位時，心跳變慢、血管舒張、血壓下降、呼吸深緩，身心處於平和、放鬆的狀態。沒有立即需要應付的外在難題，身體會自動將注意力由外轉向內，專注在自身的消化、排泄、排毒、自癒與細胞再生上面。而白血球中的「淋巴球」數量增加以利進行體內大掃毒，對付病毒、阻止癌細胞變異等免疫工作，都是在副交感當家做主時進行。換句話說，你一直無法放鬆的話，自癒力、再生力、免疫力，我最看重的這三力，都沒辦法好好發揮實力。長久下來，人就由一點一點小小的不舒服，累積成各種疾病，如心血管方面的慢性病、憂鬱症，甚至是癌症，都有可能。

靜心調神經，自在為良方

自律神經就是因為它不用通過大腦決策，能自己運作，完全自動自發，所以才叫做「自律」神經。既然它自己作主，那人有可能去調節它嗎？絕對沒問題。因為交感神經在你感受到壓力、對某件事很興奮、準備出任務時被激活，而副交感神經則在你感受到自在、放鬆、安心時登場，並居於優位。掌握它們運作的原理，即能準確地按下開關。

大腦無法直接心臟說：「你給我跳整齊一點。」或去跟胃說：「我命令你立刻開始消化。」但透過你靜心後，由心所下的指令，即使是最自律的自律神經，也不能不聽。

這周，請你懷抱「自在」，去讓馬不停蹄的交感神經緩和下來。你可以這樣想。「世界越快，心則慢。」「無心歸大道。」「非寧靜無以致遠。」「人生有味是清歡。」「心靈真正的平靜，來自於不計褒貶。」「愉快的生活，是由愉快的思想所造成的。」「一念放下，萬般自在。」「境來不拒，境去不留，一切隨緣，能得自在。」「心若能靜，說你好、說你壞，都一樣。」「魔心，看什麼東西都不順眼，靜心，沒有看不順眼的東西。」「沒有什麼事是好好坐下來一起吃頓飯不能解決的。如果有，那就吃兩頓。」「原諒好，忘記更好！」

自己去找屬於自己的「自在金句」，每當緊張、壓力大的時候在紙上寫個幾遍，慢慢寫、練練字、挺起上半身（不要駝背）、肩膀放鬆自然下垂、緩慢深呼吸，去享受自在、放鬆、安心與寧靜的感覺。

若暫時沒找到喜歡的，不妨先用我的。跟大家分享一下我的自在金句，來自《金剛經》四句偈「一切有為法，如夢幻泡影，如露亦如電，應作如是觀。」

31 順從一顆心，走出自己的風格

「活動活動，人活著就是要動」，這是醫生在做衛教宣導時，經常會說的話。但要怎樣動才好呢？我認為只要你喜歡，不要太超過，什麼運動都很好。但若打著預防疾病的如意算盤，則沒有一種運動像走路這般划算、有彈性。

走路走出興趣，天天走，常常走，能使筋骨有小偏位的自動復位、五臟六腑像是有人幫你按摩一樣、全身血液循環提升、內分泌更加穩定。走路走出心得，靜靜走，走得純粹，不想、不說話，則能攝心入定，一步一如來。畫成漫畫的樣子，大約是走過的每一步都開出蓮花，有點誇張，但確實是這樣的境界。

走吧走吧！醫生為什麼叫你走路

俗話說「飯後百步走，活到九十九；飯後三百步，不用進藥鋪。」醫神孫思邈近百歲時仍腿腳有力，無絲毫老態，旁人跪求養壽祕訣，他教大家的養生十三法中，有一項就是「常散步」。

美國哈佛大學追蹤七萬名女性，發現每天快走半小時，能降低四成心臟病發病率。另一份針對上萬名男性的研究報告指出，每周五天快走一小時，降低一半中風發生率。此外，從頭到腳包含睡眠障礙、阿茲海默症、自律神經失調、憂鬱症、躁鬱症、痛風、骨質疏鬆、代謝症候群、胃潰瘍、消化便祕等問題，以及食道癌、肝癌、肺癌等十三種癌症，都能藉由走路，再搭配其他養生法，而達到很好的預防效果。

再以骨質疏鬆為例。「最好的治療就是預防繼續流失」三十歲後肌肉流失速度開始大於生長速度，而骨質每年流失百分之一，女性更年期後骨質流失速度還會加劇，如果你什麼都沒做的話。想跟醫神一樣近百歲仍精氣神飽滿？日日勤走動、勤爬樓梯活化骨細胞，再搭配日光浴、從日常飲食中獲得足夠的鈣質、避免咖啡因過量，勤做保養，就不怕老了一摔就骨折。

如何走？我自創的愉悅走路法

走路是值得養成的好習慣，若能從中體驗到樂趣，便更容易持之以恆。這周，讓我們來練習一種「身心靈合一」的愉悅走路法。以下提示幾個重點。

◎**懷抱感謝的心情：**感謝好天氣、感謝能抽出時間、感謝有地心引力、感謝爸媽幫自己生了雙好腿好腳、感謝朋友送了雙適合走路的好鞋，想感謝什麼都可以。行走人世間，祕訣是以「感謝」作為開頭，百利無一害。

◎**走什麼路，挑什麼鞋：**山路碎石路，一雙高到腳踝的登山鞋，能提供良好的保護。旅行中走逛老城區，輕量透氣的便好。有時候不穿，也是一個選項。在沙灘踏浪散步，當然打赤腳最好，別錯過接地氣的好機會。

◎**心不能靜，就數呼吸：**一吸一吐算一次。從一數到九，再重複一到九，如此不斷重複，直到紛飛的妄念止息、心能靜下來為止。我常以行禪的方式練習走路，專注當下是重點，除了數息能幫助收回放逸的心，我發現有時持咒的效果也很好，所以兩種方法會輪流使用。我常默唸的是藥師佛心咒與文殊菩薩心咒，前者是對醫病雙方的祝福，後者對於開發本有智慧特別有助益。

◎**越低落，越要面帶微笑：**心理學實驗證明，微笑有助於心情轉換，即便一開始真覺得沒什麼好笑的，只是假笑、做做樣子，身體動作仍能「騙」過大腦。僅僅是做出微笑這個動作，便足以讓心情逐漸開朗起來。這招不只用於走路時能提振精神，在任何狀況下都適用。

◎**一個人走，靜默地走：**對大都會快節奏感到焦躁時，專心獨行。不玩手機，不跟旁人聊天。印度、西藏行者，把步行視為一種修行時，特別講究「禁語」。話說多了，腦袋轉不停，哪還有辦法靜心、歸零？

◎邀五感同行，提升愉悅感：被生活壓力逼到喘不過氣來時，行走間不妨善用眼耳鼻舌身五感去體驗細節。譬如聞到剛出爐的麵包香、欣賞陽光透過葉子灑落地面的美麗光影。雨中漫步，雨聲即是那最能安撫人心的好聲音。去感受風吹在皮膚上的溫柔觸感、感受走路流汗後喝水，入口特別甘甜的感覺。經常領受種種微小而確切的幸福，令自己開心、放鬆，就不容易出現自律神經失衡的問題。

走路的方式有很多種，大家不妨靈活運用。比方說從事創意相關工作，若每次都挑不同路徑探險，能增加腦神經元鏈結，令腦袋更靈光。而憂鬱的、焦慮的、恐慌的，要懂得藉助陽光的力量驅散陰鬱，沐浴陽光加快步健走最好，藉此促進腦內啡（Endorphin）和血清素（Serotonin）分泌。受消化、便祕問題所苦，可把握用餐後的黃金一小時，以悠哉「慢散步」的方式，促進腸胃蠕動，還有助於一天天將內臟脂肪降下來。

這周，找時間外出走走吧！順從、回應自己的心，走出自己的風格！

32 先認命再造命，控制壞的強化好的

在問診的過程中，我發現一個有意思的現象，就是大家在自述健康狀況時很會去分析原因，然後跳過一大堆變數，直接就幫自己「判刑」。比如說「沒辦法，這是家族遺傳，全家血壓都很高。」「我們家的人都有糖尿病啦！我有也是很正常。」「我父親也是××癌症過世的。」當時我心裡就想，這位先生，其實你還活得好好的耶，怎麼就用「也是」這兩個字呢？家裡人怎樣，自己不一定都會跟他們完全一模一樣啊！

對遺傳學有概念固然是件好事，但認識了你的基因、你的命之後，可以「再造命」這件事，我覺得有必要讓大家都知道。全家人都得了一個同樣的病，有時不只單純是基因的緣故，也有可能是因為全家都住在同樣受汙染的環境裡、擁有類似的不良生活習慣、長期營養失衡等種種因素所累加造成的。不能全都怪給基因、怪給遺傳。

吃出好命，少鹽多蔬果

舉例來說，這世界上各式各樣的疾病，跟飲食有關係的就占了百分之六十到七十，與基因有關的只占百分之十到十五。有份追蹤時間長達二十八年（一九〇〇～二〇一七）、涵蓋全球一百九十五個國家的飲食與死亡率調查報告，指出不良飲食導致二〇一七年全球有超過一千萬人因心血管疾病、癌症以及第二型糖尿病等疾病而死亡。若能有效調整飲食，有五分之一的死亡數是可以被預防的。

我覺得這份報告有一點很值得參考，就是那些採取地中海飲食的國家，健康表現優異、因飲食失衡所造成的死亡率最低。什麼是地中海飲食呢？大抵來說，就是吃好的油跟好的起司、大量蔬果、適量魚蛋雞鴨與天然穀物、少量紅肉與紅酒，類似這樣子的飲食比例，很受專家們肯定。

在臺灣，我隨便到一家蔬食自助餐夾五、六、七、八種菜，兩百塊以內就能搞定。再看看那些經濟狀況較差、物產困乏的國家，若要他們按照營養專家建議「每日五蔬果」，光這五蔬果，就要花掉全家一半以上的收入，怎麼可能買得下手？吃得下去？我認為能生活在蔬果種類豐富的蓬萊仙島，都算是很好命的人了，蔬果豆類若再攝取不足，那就說不過去啦！

總結一下易致病的飲食習慣，包含鹽分、含糖飲料、加工肉類、紅肉吃太多，而蔬果、豆類、全穀物、堅果、海鮮、好油吃太少。好油例如 Omega-9 含量高的橄欖油、苦茶油，以及富含 Omega-3 的亞麻仁油、紫蘇油等。運動量、勞動量大的人，鹽分攝取稍多無妨，但坐辦公室的，就不宜吃太鹹。與其去責怪、感嘆自己「被遺傳」了什麼病，不如把時間花在調整飲食習慣上面。先認命，認識自己的體質，再造命，根據自己的體質與需要，從食物中取得均衡且豐富的多元營養素。

本周功課，請列出一張最適合自己體質的飲食清單，同時兼顧營養攝取的平衡與自己口味上的愛好。你絕對需要花一些時間上網蒐集資料、買幾本最新的跟營養有關的書，或向這個領域的專家請教。不要光用眼睛看，不要光用耳朵聽人家說吃什麼好你就跟著吃什麼，請開啟智慧之心來列清單。當然，若環境改變、體質改變、需求改變（例如懷孕或哺乳）、居住地改變，這份清單也應該因地制宜、因時制宜，隨時調整。請保持一顆開放的智慧之心，以便隨時接受更新、更好的觀念。

管理細胞，像個董事長

學企管、學金融，都會學到風險管理。健康當然也需要管理！你不去好好管理細胞，那你健康與否，你的細胞們也不會管你。即便是有什麼「不好的遺傳」，但你仍然很有機會「逆轉勝」，沒有任一個爸媽、親戚長輩或醫生，能判定你說，「這是遺傳，你死定了」就算你家冰箱永遠都擺滿了冰涼的可樂和啤酒，你自知循環不好，少喝兩杯總可以吧！

以前，你的免疫系統、所有細胞，靠著DNA裡收錄的訊息，自動自發開會、執行任務，這是遺傳決定一切的時代。而現在，你可以透過你的心，一顆覺醒的智慧之心，去參與細胞們的例行會議，以一個最懂事的董事長身份，大大方方參與決策、指導決策，讓身體不再只是照著前任老董（遺傳）的遺命運作，而是逐漸順從你的旨意，不斷升級、強化。

霸氣一點！勇敢地為自己發出健康的指令。先認識命、先認識你身體裡所有的員工，然後去控管那壞的，讓他們沒事不要發神經搗亂，去縮減他們的影響力。更重要是去強化那好的，把有能力的提升起來、讓他們有機會去多做點事。比方說想辦法去延長你的深層睡眠，讓細胞再生有更充裕的時間完成修復工作。

你的注意力不該是去在意家族遺傳了什麼給你？你應該把最大的注意力放在自己身上，怎麼吃得更適合自己一點？怎樣減少情緒淤積對身體造成破壞？從哪裡能獲得正能量？我都什麼時候會感冒、因為什麼會過敏？要怎樣能睡得更好更深？不管家族給了你什麼、你已經收下了什麼，好的、壞的、不好不壞的，只要你願意，你隨時都能讓自己，用更好的方式去生活！

33 貪嗔癡戒斷，贏回被習氣綁架的人生

清朝皇帝住的地方叫「養心殿」。為什麼養心，不養狗養貓？或者養雞養鴨呢？估計古人的心思與我一樣，直指核心，認為養壽養生，從心開始養起，才是王道！

關於養心，孟子認為「養心，莫善於寡欲」提醒人們少點欲望，不要過分貪心。孟子就是聰明，一個人就破解了三分之一的生命答案。那剩下三分之二呢？可能就要來翻佛經想解決方案了。

生命能量平衡就不生病

孟子以寡欲對治貪，我認為很棒。而剩下兩個要治的，是嗔和癡。

佛教醫學視貪嗔癡為三種主要妨礙健康的心毒，由內心攀緣外境所產生的種種錯誤執念，看似無形無害，實則影響著人體內三股生命能量的流動與平衡。藏醫稱這左右健康的三股

生命能量為「隆」、「赤巴」與「培根」。

隆，藏文 Lung，相當於氣或風的概念。藏醫藥學認為，貪嗔癡中的貪，可引發隆的增盛，等增盛到一定程度，就會以疾病的方式顯化出來。與隆失衡有關的疾病多為循環系統出問題，比方說心血管疾病。

赤巴，藏文 Tripa，相當於火與熱。主要負責維持體溫，以及促進體內與熱有關的化學反應。貪嗔癡中的嗔怒、嗔恨，能引發赤巴失調方面的疾病。以西醫的語彙來說明，即為內分泌失調，以及與新陳代謝亢進或低下有關的疾病。藏醫藥古籍提及，人體內的赤巴總量可以容納於陰囊之中，而台語在形容很生氣很生氣的時候，會說「整個『懶趴』都是火」，相當有意思的巧合。懶趴不就是陰囊？而赤巴又相當於火的能量，你很生氣的時候，就會讓火太多、赤巴太多，而導致疾病產生。透過這句台語，大家就比較容易記憶，身體裡的火、熱能，剛剛好最好，若常常氣到整個懶趴都是火，那可是會生病的！

無知不是病，卻讓人生病

生命能量培根，藏文 Bekan，相當於水、土，或痰飲的概念。不是你早餐吃的那個「培根」肉片喔！會用這兩個字，是從藏文直接音譯過來。培根這股生命能量負責監控體內的液體平衡，而愚痴這種心毒，則是讓培根失調的原因之一。水腫、與黏膜有關的疾病、糖尿病等，都屬於培根失調時會產生的疾病。

這就不是巧合了，中醫裡面管水液平衡的是脾，常說脾土脾土，脾土沒顧好，人就濕，濕得疲倦困重，如同裹了床厚棉被在身上，很不舒服。為什麼說不是巧合？因為西藏醫學的根，雖本於佛學，但卻廣泛吸收了來自古印度、尼泊爾、波斯、希臘、突厥與漢地中醫的醫學知識，再與西藏本土的傳統醫學作了一次又一次的融合，才整合為今天這支兼顧身心靈平衡、綜合性的淨化醫學系統。所以說，中醫、藏醫會持類似看法，有其歷史背景。所幸，去釐清師承何處？又是如何融合？這種複雜的問題，是歷史學家的事。一般人養生，你只要知道，無知本身不是病，但無知卻會讓人生病。然後抱持，「不行！我一定要趕快開智慧」的決心，這樣就可以了。

藏醫指稱的水土痰飲概念，既然都已經這麼有趣翻譯成「培根」了，正好拿來當作一個記憶點，你就這樣想：人若無知的話，就不知道要控制鹽分的攝取量，不知道應該少吃加工肉品避免造成身體負擔，體質偏濕又貪嗜這麼鹹的培根，那肯定要水腫的。無知，果然傷身啊！智慧不開不行了！

人為什麼老生病？

人因為生命能量不平衡而老是生病，那究竟是什麼原因造成這樣的不平衡？因為貪嗔癡。那貪嗔癡又源於何處？源於心，一顆心因為錯誤的見解，而產生一種以自我為中心的執念。那要怎樣化解？開智慧能化解。更正確地去理解實相，了解宇宙的本質，參透「苦」、「無我」、「無常」這些哲學問題，進而能捨，重新取得平衡，便可從種種煩惱、種種病痛中瀟灑脫困。

西醫的預防醫學，目前還只停留在疾病管控與疾病防治的階段，焦點放在疾病上，因此在實際應用上，我發現仍然有所侷限。面對許多「疑難雜症」，佛教醫學、藏醫藥學、中醫等東方醫療體系，焦點放在健康上，採取一種講究平衡的觀點，補不足、瀉有餘，統整生理與靈性的醫療方式，恰巧能為「怪病」們，啟動痊癒的轉機。我認為老關注疾病，疾病不容易完全康復，關注健康才能！將自己的身心靈都調成符合健康的頻率，自然能吸引健康、獲得健康、維持健康。

心，為健康之鑰。也是轉化疾病、轉化心毒最沒副作用、最有效、最快速的解藥。請充分理解貪嗔癡與健康之間的關聯，去思考自己受制最多的是在哪個環節，本周心的修煉，請你去打通那個環節，令生命之流再度暢行無阻。

34 兒女可靠但我不靠！享壽旅居晚年

拿人手短、吃人嘴軟，靠自己什麼都敢！我經常好氣又好笑，聽朋友們早早就開始籌謀老年生活，「厚，我可是出了名的『孝子』，出國買的都是孝敬兒子的，他以後應該不會不養我吧？」「打算在醫院附近買間房，以後看醫生方便。」「最近陪獨居的姑媽去找養老院，價錢滿合理，我想以後也住那。」……等等，人雖然免不了成為「老人」，但卻不一定會成為「病人」啊！誰說年紀大了就一定要跟兒女住、看人臉色？誰說老人最後不是住醫院就是住養老院，非得有人照顧不可？

原來大家是這麼想的，難怪都這麼怕老。老想著不健康的事，當然會越來越不健康。「沒有啊，我去廟裡拜拜都是希望不要再膝蓋痛了、祈求未來能獲得健康。」有人聽我這樣講，於是反駁。「想要健康，那也要你真心相信才行，心裡想著不要不健康，那還是『不健康』啊！」我說。不妨嘗試多用用「肯定句」與「現在式」來表達自己。

最適合變老的時代

自我檢測一下，想到老人，你能聯想到的是「無聊」、「老人臭」、「老狗學不會新把戲」、「走路很慢」、「藥盒不離身照三餐吃」、「輪椅」、「拍痰」、「插管」。好了，插管很痛苦，不要再想那個了。我所想到了老人是「智慧」、「經驗老到」、「圓融親切」、「有型風格獨具」、「見多識廣」、「財務自由」、「時間充裕」。如果你不小心接受到太多「抗老」、「逆齡」訊息，看到太多宣揚年輕才是王道的廣告。請忽略它，這些都不是真的。

你可以盡情享受年輕，然後更有經驗地去享「壽」生命。最棒的歲月，不一定只能是二、三十歲。說了「人生七十才開始」這句話的人，不就擺明了告訴你，他的黃金歲月，從七十才正式開始嗎？只要你喜歡的話，每個時期都能是最好的時期！

仔細想想，現在網路很發達，翻譯軟體很多，交通也很便利，買書、聽演講、上課、學習新知，管道又多又方便，更棒的是，很多都還是免費的。一百年前，哪有這些。而且，那時候的人，也活不了像現在這麼久。

妳不是老，是成熟

朋友傳給我一則影片，裡頭是一位銀髮老太太，講法文的，騎著改裝重機，旁邊還載著愛犬，上山下海到處去。她享受太陽享受風，她已然找到了自己，於是能穿著適合自己品味的衣服，過著自己喜歡的生活，簡直美呆了！這種成熟自信的韻味，二十出頭歲的小丫頭肯定是沒有的。

我回家鄉佛寺參拜時，也會跟著大家一起做大禮拜。我以為我年輕，興許是離家久了，大禮拜做得沒那麼勤，撲沒幾下就膝蓋痛腰痠的。倒是身旁那些「老人家」才是真正硬漢，做一上午都不見他們眉頭皺一下，感覺核心肌群比我的還要耐操，真是慚愧。年齡，看穿了它也不過是數字而已。你有看過那種仙風道骨、吃不多卻健步如飛的老人家嗎？我有！這種我們山上很多。有一回，見朋友跟他老媽說，「媽，你別擔心，等你老了我會幫你拍痰的。」不料他老媽淡定神回：「棺材是裝死人又不是裝老人，你成天這樣抽菸，誰幫誰拍痰還不知道咧。」進入人生40+、60+、80+之後，應該要有的，就是這種霸氣！

我想這樣變老，向典範學習

長久以來，「老不如少」的想法，透過各種形式不斷幫大家洗腦，形成一種「又老又病」的集體既定印象。嘿！那不是真的，也絕對不是唯一選項。幹嘛讓別人幫你洗腦呢？這一周，自己的腦自己洗。來練習觀想美好的熟齡生活。想不到的話，找一個典範或許很有幫助。

越成熟、選擇應該是越多才對。舉幾個我很欣賞的案例。一個住在歐洲的老太太，不想打掃屋子也不想做飯，乾脆房子賣了，去住旅館，服務隨傳隨到，比呼叫自己的兒女還可靠，而且服務人員有拿小費永遠都笑笑的，不擺臉色。還有個走路不方便太太，選擇在郵輪上環遊世界終老，當有人問她，這樣到處跑，身體不舒服時豈不很麻煩？她卻說「哈哈，你們都不知道吼，大型郵輪上一定都醫護人員的啦！而且還沒人會跟我搶。」

當然不是每個人都喜歡「離鄉背井」，像貓一樣喜歡待在自己地盤的人，也可以擬定宅在家計畫。有個日本人獨自一人住兩百坪，因為愛煮，還有兩個廚房。也有夫妻退休後拿退休金買塊地種地去了，這種臺灣特別多。自己種想吃的蔬菜水果，以物易物跟人交換收穫，十分有樂趣，志同道合的朋友越交是越多。像這樣有晒到太陽、有接到地氣、有勞動有運動、吃的又是最新鮮的，還每天學新東西的人，根本沒空生病。

你想怎樣變老呢？到處旅居，一年半載換地方住？考慮搬到東部空氣清新的地方，每天看海？還是與不結婚不生小孩的姊妹淘，擬定共住計畫，找欣賞的建築師蓋自己的房子？我老媽是喜歡每天去佛寺繞山轉山的人，她朋友很多，常在家招待客人，樂此不疲。而找到接班人不當醫生後，我想要四處去演講、傳揚佛法。那你呢？想要怎樣變老？利用這周想看看吧！

35 大腦喜歡你這樣吃，助你腦力全開

近來十分受矚目的腦霧現象（Brain Fog）與失智症（Dementia），都是大家很關心的健康話題。我覺得「腦霧」這名字取得傳神，大腦像有一層迷霧壟罩一樣，想不清楚、搞不清楚，迷惘迷濛，原本很會的事做起來超不順手、原本記得的一時間又想不起來。若出現腦霧現象，我覺得應該高興，因為你確實收到了來自身體的提醒，腦霧不是病，它只是暫時的休眠或當機，重新整頓身心靈，例如好好睡上一覺、活化腦細胞、吃好一點、修煉靜心、活動筋骨……，就能讓腦霧完全散開。

然而由失智帶來的認知功能減退，就不像腦霧這麼容易處理了，失智不只威脅老人，也威脅年輕人，失智屬於不正常的退化，並不一定老人才會得。而另一方面，並非所有人老了都一定會漸漸失智，很多企業老董七、八十歲還很精明，管幾千個人都沒問題。

你若老了，記憶力沒那麼好，正常，但你理解力更好了不是嗎？成為更圓融、更有智慧的長者，有些事雖暫時忘記，但透過照片、文字或提醒，可以想起來，這樣就不算失智。失智是徹底遺忘，忘記心愛的人、忘記討厭的人，甚至忘了自己是誰，伴隨性格改變、出現妄念與幻覺，屬於神經退化性疾病。很遺憾，目前我們還沒找到逆轉失智症的方法，只能去預防它。在出現腦霧現象時，或在更之前就做好預防，這是可以辦得到的。這周，從健全營養下手，來試試哈佛大學所推薦的五類益腦好食。

◎值得感謝的綠色蔬菜們：「羽衣甘藍、菠菜、芥藍、花椰菜富含大腦所需要的營養素，諸如維生素K、葉黃素、葉酸、β胡蘿蔔素。研究指出，食用這類蔬菜能減緩認知能力的下降。」

吃對了，大腦就能順暢運作，人也顯得神采奕奕。吃偏了，比方說用高油高糖份的精緻糕點充饑，或是長期紅肉攝取比例過重，人馬上就會像睡獅一樣，懶洋洋昏沉沉，直打哈欠。

◎富含不飽和脂肪酸的魚：鮪魚、鮭魚，是大家很容易能買到的。不論是我們的心臟、血管還是大腦，沒有好的油脂保護可不行。除了哈佛建議的這兩種魚，還有什麼也含有Omega-3呢？鯖魚、鱒魚、鱸魚、秋刀魚、沙丁魚都有，茹素的人可以吃核桃。

研究大腦的專家們推測，Omega-3不飽和脂肪酸中的DHA和EPA或許有助於阻止「β類澱粉蛋白質」斑塊不斷堆積。這被列為阿茲海默症嫌疑犯的斑塊，很有可能就是它，造成腦神經元損傷，引發一連串記憶、認知與整體心智功能的退化。

雖然造成大腦失智的謎團至今仍尚未完全破解，但至少我們現在有了預防的方向。在一項由中研院、國家衛生研究院、陽明大學和榮總共同發表的研究中，關於年長者護腦這一塊，國內專家與哈佛學者有相近的看法，皆認為預防失智，植物營養素加魚類的組合是解答。

◎漂亮又營養的莓果類：除了上述最重要的一菜一魚外，在一項針對一萬多名七十歲以上女性所做的調查中，富含類黃酮素的莓果類，也被證實有助於延緩年長女性的認知功能退化。想預防大腦出現異狀，吃莓果準沒錯，另一方面，莓果類對心臟也有很好的保護作用。擬人化比喻，莓果就是那個人美心地又善良的好女生，值得你多多親近。

莓果（Berry）泛指，草莓、蔓越莓、覆盆子、藍莓、黑莓、紅醋栗、黑醋栗等等都算。但就營養價值而言，藍莓是最受肯定的超級好莓。曾有失智風險的亞健康成年人，在連吃了十二周藍莓後，記憶、情緒與血糖都獲得改善。

◎需注意攝取量的茶與咖啡：茶與咖啡兄弟倆上榜的主因是他們的咖啡因成分，有助於提升心智表現。不過，我對咖啡因抱持平衡看法。有些人不適合喝，喝了會頭痛的就不適合。

而一般人要靠咖啡因提神，需注意用量，成人每天三百～四百毫克是各國公定的安全範圍。大約兩百毫升的手沖咖啡三杯以內。真的要喝，我認為綠茶又勝過咖啡一些，除了抑制腦部衰老，還多了預防癌症、預防心血管疾病與幫助減少腹部脂肪等多項優點。

◎**超級好堅果核桃：**因為是關於益腦的好食物清單，所以是有改善記憶力的核桃上榜。事實上，各種堅果都屬於優質的蛋白質與油脂來源，小小一把，蘊含著豐富的能量，只要不要過量，它們除了對保護大腦有幫助，還確實是能為節食者提供飽足感的好東西。

36 為好心情加加油，預防衝動解憂愁

上一篇談到保護大腦要吃好油，吃好油不僅有助於預防失智症，多元不飽和脂肪酸的攝取比例若是恰當，注意力不集中、抗壓力低、易怒易衝動、憂鬱焦慮、倦怠失眠、反應遲鈍，甚至是兒童的過動症（ADHD），或許都可以避開。

對於想要修煉靜心的人來說，擁有健康的身體，對於修行絕對很有幫助。勸人把握機會開智慧「暇滿人身難得」，是西藏出家師父常說的一句話。「暇」是「有空」的意思，尤其是指「人」的有空。忙著享樂的天人或忙著受苦受難的動物，都太忙了所以沒有空修行。「滿」有很多層意思，其中一層是說眼耳鼻舌身通通健在，有眼睛可以讀書、有耳朵可以聽課。又比方說你鼻子通暢沒有鼻塞，那靜坐的時候就能順利呼氣吸氣，這就是一種圓滿。要是鼻子過敏，一下子癢想抓、一下子流鼻涕不得不起身拿衛生紙，想要靜心，肯定是很受干擾的嘛！修煉靜心，可以讓身體更健康，若身體健康，那又能更好地修煉靜心，多棒啊！

我之前遇過減肥減到脾氣很暴躁的人，因為吃的方法不對，油脂攝取失衡，情緒很不穩定。有研究指出 Omega-3 不飽和脂肪酸攝取不足，罹患憂鬱症的機率高三成。而 Omega-6 吃太多，則使人處於容易發怒的精神狀態。情緒不好、脾氣不好，有時不是你靜心的功力不夠、定力不夠，而是沒吃對身體所需要的比例。種類選對了、比例吃對了，不但大腦比電腦還好用，又能預防身體慢性發炎，內分泌也比較不容易失調。

這周的功課，來調整日常食用油比例，優化身體素質，創造出更有利於靜心的外在條件。

智慧增減，吃出平衡

關於多元不飽和脂肪酸的攝取比例，我建議 Omega-6 與 Omega-3 的比例應為一比一～二，Omega-6 最多不宜超過 Omega-3 的六倍。目前多數人屬於 Omega-6 太多的狀況，尤其外食族，失衡通常都更嚴重。

Omega-6 來自大豆油、沙拉油、玉米油與葡萄籽油。成本考量，大部分餐廳常使用這類油品。此外，宵夜暢銷榜上的雞排與各種炸物、麵包、蛋糕、點心、用沙拉油製成的美乃滋，以及超商架上一包包的酥脆零食中，也都含有很多 Omega-6。而在家自己煮，若只用一瓶沙拉油炒所有菜，那基本上 Omega-6 也是攝取太多的。建議另外買一些營養成分不同的油品，輪流替換使用。

如果沒有特別去留意，一般人Omega-3會很少吃到，這部分比重我們要把它提升上來。Omega-3的優質來源包含亞麻仁油、紫蘇油、奇亞籽油，還有鯖魚、鮭魚、鱸魚、秋刀魚、沙丁魚以及適合素食者的核桃。下回去超市，別忘了幫自己和家人補貨。

維護心血管的祕密武器

除了上述兩種你應該認識的多元不飽和脂肪酸，跟單元不飽和脂肪酸Omega-9交個朋友，對人只有好處沒有壞處。環繞地中海國家的人們餐餐美食吃爽爽，又不像美國人這麼瘋減肥，罹患心血管疾病的比例卻還比他們少百分之二十五，其中一個很重要的原因，就是因為他們橄欖油吃得好。

想要一邊享受美食一邊增加好膽固醇、降壞膽固醇、降三酸甘油脂、維護心血管健康，就請Omega-9移駕到廚房坐鎮吧！你可以在下列油品和食材中，找到Omega-9。產自西班牙和義大利的第一道冷壓橄欖油（Extra Virgin Olive Oil）、臺灣老一輩常用來顧胃的苦茶油、金氏世界紀錄認證最營養水果酪梨，以及被封為千果之王的夏威夷豆等，都是很讚的Omega-9來源。許多慢性病在真正變成「病」之前，其實多數人身體已經長期處於慢性發炎的狀態了。世界衛生組織之所以建議現代人Omega-6要少一點，即是因為Omega-6有「促發炎」的疑慮。雖然發炎反應在維持健康上有其必要性，但一直不停地發炎就不太好，這時候，你需要去找能「抗發炎」的Omega-3和Omega-9來助你一臂之力，去平衡免疫調控，避免身體發炎太超過。

請你跟我這樣吃

除了注意平衡，更講究一點，溫度也可以考慮進去。亞麻仁油與紫蘇油我會直接拿來喝。這兩種油還很適合拌麵、拌菜、淋在湯裡增添風味，或做沾醬、沙拉醬、配麵包。想買現成的亞麻仁油美乃滋，可去日本超市找找。亞麻仁油與紫蘇油發煙點低，不適合高溫烹調。

中式烹調法的炒、煸、溜、燴、燒、煎，烹調的溫度比較高，記得要挑油脂穩定度高、加熱後油煙少、發煙點高、具抗氧化特性的油品，例如發煙點超過兩百度的苦茶油，如此，可大幅降低質變毒素對身體造成的危害。而冷壓初榨橄欖油發煙點約在一百六十度上下，頂多水炒、小火煎炒，大火的爆炒或油煎、油炸都應避免。

37 Checklist 心腦的高效能升級清單

為求效能，我們已經很習慣去把 3C 產品升級，下載新的應用程式、把不合時宜的硬體汰換掉。但要用一輩子的心、沒辦法替換的腦，卻常常忘記要去關心。這周，來學幾種提高效能的方法，迎接心腦 2.0。

◎**避免反覆加深受害者印象**：人體大多數器官都是用進廢退的，腦神經元連結亦如此。常用的突觸、迴路會被強化，而少用、很久沒用的，則會被減弱或是移除。所以，忘記不開心的事吧！若一時間無法忘懷，至少，先練習不抱怨，避免反覆加深受害者印象，避免愁越想越愁、越恨越會恨。接著練習轉化，把注意力放在真正值得關注的人事物上面，逐漸創造出強而有力的正向迴路。心裡總想著好事情，好事情就會真正發生。

◎**睡一個好覺，做場美夢**：我滿喜歡這個浪漫的說法「作夢，是為了遺忘」。科學家觀察腦排毒，發現作夢時，膠質淋巴系統清除有毒蛋白質等生化廢物的效率，是平常的數十倍。睡覺作夢非但不是浪費時間，還是種必要的保養。想想看，人光是躺著、睡著、夢著，就能幫自己排毒、預防各種腦部病變，是不是很棒！無用的記憶、混亂的情緒，都能在一夜好眠後消失。壓力特別大、心特別累時，記得早點睡！一覺解千愁。

◎一次只做一件事，切換α波：現在3C產品的功能實在太強大了，再加上臺灣的網速跟歐洲一些國家相比，真的又快又便宜。經常讓人忍不住連開好幾個對話框，同時處理多件事情。若發現自己很忙，卻忙不出個什麼成果，那可能需要稍微暫停一下了。留幾分鐘給自己靜心，你可以靜坐靜心、閉目養神深呼吸，或是一次只專注做一件最重要或最緊急的事情。放下雜事，等同幫大腦重新開機。

練習放鬆而專注。這是個很美妙的境界，在這境界中，人既感到放鬆愉悅，又能很專心。當腦波從焦慮的β波，降低為頻率較慢的α波（約九～十四赫茲）時，創造力、記憶力、學習力、專注力、判斷力甚至是與健康息息相關的免疫力，都將處於較為理想的狀態。

◎兩點止怒，預防情緒暴衝：低EQ降低IQ表現。戰場上、談判桌上有一招特別陰險，就是去激怒對方。在所有情緒中，勃然大怒是最傷心腦的一種。輕則飆血壓，重則神昏暴厥。不管錯在誰身上，萬一發脾氣了，損失絕對是在自己身上。

來按兩個止怒點。第一個是足背上的「太衝穴」，在拇趾與第二趾蹠骨間隙的後方凹陷處（圖21），經常按它有助於瀉肝火。另一個是手掌上的「止火點」，在無名指下方（圖22），用大拇指按住這個點，緊緊握拳、再鬆開、握拳、鬆開，如此重複幾次，也有助於消火。（圖23）（圖24）

◎拒絕人云亦云，獨立思考：法國社會心理學家古斯塔夫．勒龐在《烏合之眾》中提到「人一到群體中，智商就會嚴重降低，為獲得認同，個體願意拋棄是非，用智商去換取那份讓

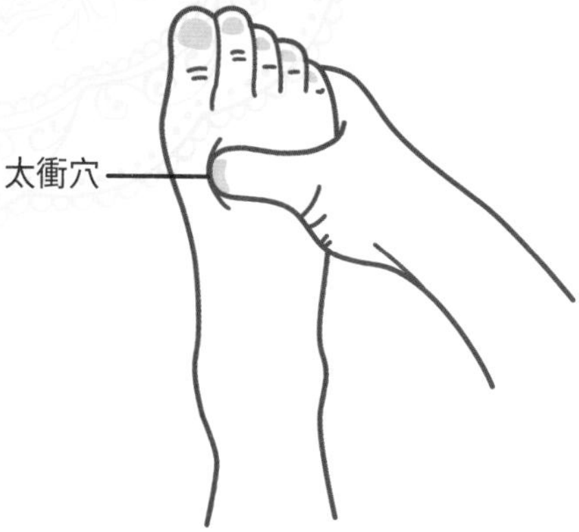

圖 21

圖 22

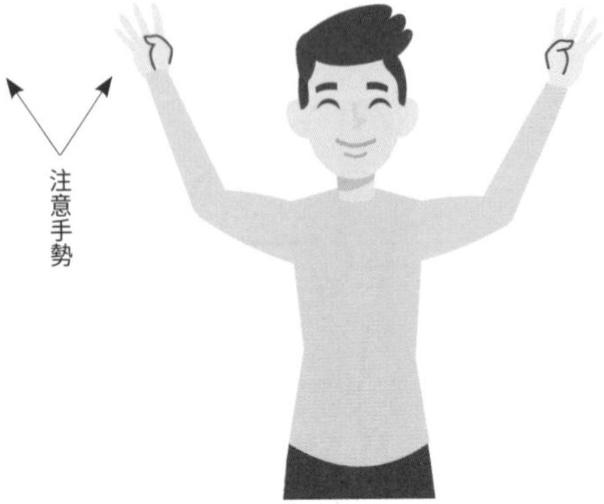

圖 23

圖 24

人備感安全的歸屬感。」這種情況過去常在煽動人心的演說中出現，我覺得現今部分政論節目、社群網站也有類似效果。不正確的事，講述一百遍，聽起來就會像真的一樣。但它畢竟不是真的，記得用智慧去分辨。

成語「三人成虎」，也是類似意思，不管跟你講「有老虎」的是你多親近的朋友、多信賴的親人，人都不能喪失獨立思考的能力。不用心、不用腦，心跟腦就會覺得無聊沒事幹，自動進入休眠狀態。所以時不時，你還是要交付一些重要任務，讓心與腦練練身手，不好讓他們閒太久。

◎**預防腦髓失養，創出新迴路：**腦細胞固然會死，但腦神經元迴路卻可以不斷創新。接觸越多新的人事物、接受越多挑戰與刺激，旅行、學習新語言等等，都有活化效果，不怕大腦變老變鈍。腦一方面要常用，另一方面是要讓它好用。怎樣會變得好用？第一補充氧氣。深呼吸、腹式呼吸、龜息呼吸，在空氣清新的地方大口呼吸，增加腦細胞含氧量。第二是優化血液品質。比方說做血液淨化，清除血液中的有害物質、降低血液的黏稠度，或是去補充造血所需要的營養，這兩個，都是不錯的方法。

◎喝好喝滿防缺水，補腦靠一張嘴：先講喝的。大腦將近百分之八十的成分是水，有的人失眠、情緒不穩，其實不是心的問題，而是體內缺水所造成。長時間輕微脫水，將使壓力荷爾蒙有機會損傷大腦。水、檸檬水、無糖綠茶、無糖紅茶都可以交替喝。但不要以咖啡代水，人工甘味劑、香精、果糖等添加物更應該儘量排除。

再來講吃的。護腦的吃法，不在多，而在少，少吃一點、減量百分之三十，尤其晚餐。內容以植物性食材為主，掌握新鮮、多樣化的原則。我特別推薦能延緩退化的莓果類，像我自己就很愛藍莓。好的油脂更是護腦必備，亞麻仁油、苦茶油、酪梨、鮭魚、核桃、腰果，不妨輪流交替吃。至於高糖分的油炸食品、人造奶油、氫化植物油對健腦無益，大家就不要浪費「口舌」去吃它了。（護腦食物另可參考一七七頁）

38 究竟是六還是九？悟空沒有對錯

心煩的時候我特別喜歡思考空性。我發現對「空」理解越深，對自我的執著就越鬆，心情也會跟著輕鬆起來。

執著是最大的煩惱來源。當固著在「我是怎樣的人。」「我覺得怎樣。」「我想要什麼。」的時候，一旦「我」的想法被否定、不被滿足，有人會生氣、有人會哭泣，還有人會發出一聲長長的嘆息，古代醫者稱之為「太息」。「善太息是指患者自覺胸中憋悶，每以長聲噓氣為舒的一種症狀」當肝氣鬱結、氣虛時，唯長嘆而後快。這也許就解釋了為什麼頑固的人，老愛在那邊長吁短嘆，怨嘆自己不被理解。但其實，很多息可以不必嘆、很多氣可以不必生、很多眼淚也不需要流下。只要能理解空性。

換個位置換個想法

你現在拿張紙，在紙上寫下一個數字的「6」。你寫的明明是6，坐在你對面的人，怎麼看都是9。我到小吃店，常搞不清楚桌上貼的桌號究竟是6還是9，經常填錯，眼睜睜看著菜送到別桌去，再送回來，店家笑笑習以為常，大概很多客人都跟我一樣弄不清楚吧！

把這張寫著6的紙拿給嬰兒看，小娃兒壓根不知道這是啥，一邊笑一邊還在上頭滴下幾滴口水。拿給我養的小狗看，狗狗也是邊吐舌頭「哈哈哈」的傻笑，一樣在上頭流下口水。難怪很多媽媽都自嘲，「我家小鬼現在連狗都不如，還聽不懂人話耶。」順帶一提，狗跟小孩到底誰不如誰？加拿大心理學教授史坦利．柯倫（Stanley Coren）找來獸醫、育犬達人，幫狗狗做了評比。發現最聰明的是蘇格蘭邊境牧羊犬，而長得像泰迪熊的貴賓狗跟德國牧羊犬則分居二、三名。邊境牧羊犬智商相當於五到八歲的小孩，算是相當「懂事」。不過，跌出十名以外的，智商都比一歲奶娃還低，若養到排名很後面的狗，講不聽、叫不來，也就別太在意囉！

萬事萬物皆是相對性的存在

回到正題，到底這世界的真相是什麼？說到底，就是「無常」。所有的表象都只是心中的顯相，會顯成怎樣，完全仰賴感知它的一顆心。萬事萬物都是相對性的存在，關鍵在於你的心怎麼看。桌上的杯子、天上的雲、你家的小狗，乃至於隔壁鄰居，都遵循著生滅增減聚合離散無常的規則走。若用智慧去分析萬事萬物，分析到最後，都是「空」。不過這個空，並非沒有，而是什麼都有。就等待一個因緣，例如陶藝師把杯子做出來，使用者拿著它喝茶，杯子就成了一個裝茶的杯子，下一秒鐘，手滑杯子摔在地上，它就成了碎土片。

一棵樹，必須有「人」去看，樹才是綠色的。狗看樹，葉子是白的，狗眼缺乏能分辨紅、綠的視錐細胞。詩人說「楊柳青青柳色新」，也只是詩人自以為罷了。人們覺得薰衣草味道很好，把它做成了精油，蟲子們卻不這樣想，人一抹上薰衣草，他們就被熏得遠遠的。

就連時間，也不一定是時鐘以為的那樣。科學家發現時間的快慢，也會因觀察對象的不同而改變。簡單來說，新陳代謝快的，例如小孩，往往覺得時間過得很慢，他們對時間的感受，比大人還要長。叫小朋友「你再等一下下」，你的一下下，可能是他們的兩下下、三下下，了解這點，下回遇到小朋友不耐久候，也許就不會這麼在意了。體積嬌小的蒼蠅，也屬於新陳代謝快的，人揮蒼蠅拍的動作，在蒼蠅眼裡根本慢動作，除非蒼蠅放空，否則人其實很難打到他們。另外還有進入深層靜心狀態的人，時間的流逝感也跟一般人很不一樣。

放下執念，一起吃頓飯吧

一個數字、一棵樹、一段時間，在不同生物的感知裡，是如此不同。一個笑聲、一句話、一項指令，聽在不同人耳裡，當然也能有很多種版本。「明天早點到」我這樣說，有人門還沒開就在等，也有人讓所有人等，我覺得拎著「早點」到，還幫大家買好早餐的，最是可愛。

說要悟「空」，不是讓大家整日腦袋空空，也不是要你去感嘆，「原來什麼到頭來都是一場空啊！那我這麼努力幹嘛？」相反的，你更應該努力，努力去了解這十分有深意的「空」。因為有空，什麼都才有可能發生，至於緣份到了、發生了什麼，因為沒有一模一樣的兩顆心，大家的認知與感受很可能會不太一樣。本周靜心的修煉，請想想「空性」，然後去尊重那些不同與你的看法，別讓自己那麼僵硬、固執，稍稍放鬆一些，氣就可以少嘆兩口。

你剛寫在紙上的數字，可以是6也可以是9！沒有你對，也沒有我錯。驅散我執的迷霧，大家照樣可以一起在那不知道是桌號6還是桌號9的桌子上，一起晚餐。

39 感到力不從心？因為心思太複雜

我常說「心如工畫師，能畫諸世間」你的心，決定世界的樣貌，包含你的健康狀況、人際關係、收入多寡、事業成就與否，一切唯心造。你手中的所得、所享，取決於你心中的所見、所想。你用心凝視一朵花，這朵花就因你的心而存在而美麗而完完全全綻放。

心的使用說明書

「沒有啊醫師，我也想要不生病啊，可是還是這不舒服、那不舒服。」「所以說，只要用想的，東西就會變出來是嗎？」「難道皮膚過敏、爛同事、討厭的鄰居，跟不講理的婆婆，都是我『想』要的？不會吧！」「我想要中樂透想很久了，哈哈，怎麼都還沒中。」每每談到「唯心」，大家都興致勃勃。不過，卻不太會用。奇怪，複雜的3C產品大家不看說明書都會用，反倒是這顆最單純的心，很多人搞不定，或壓根不知道「心沒有做不到的事」。本周我們就來練習，如何讓心毫無保留地發揮它真正的力量。以下分享三個小訣竅。

◎保持單純，執行任務更有力：很多時候，不是我們的心沒有力量，沒辦法成就我們心中所想，而是它的力量被分的太散，若本來發出的心念已經很微弱了，還被分散掉，事情要不就成就的很慢、要不就是「不如預期」，更可能看上去「一事無成」。

所以要靜心，先穩住陣腳，然後再淨心，把雜七雜八、反反覆覆的雜念捨棄，只保留那個最重要的。若你把生活搞得很複雜，每天要應付很多人、處理很多瑣事，搞得心很累，那即便是一個小小願望，你的心也沒有力氣去成就它了。斷捨離，保持單純，讓你的心，心無旁騖，方能全力以赴！

◎專注美好，遠離負面訊息：有位老先生突然胃絞痛，緊急送醫，醫護人員幫他做了各項精細的檢查後，準備開診斷書。老先生迫不及待湊上前去，只見醫生寫下兩個字「胃癌……」老先生一時間打擊太大，當場昏過去。醒來後邊搖頭嘆氣邊擦眼淚，太太見狀，拿了診斷書叫他再看仔細。看完老先生破涕為笑。原來，上頭寫著「胃癌可以排除」。老先生太心急，來不及看完就先「自判死刑」，白傷心一場。

這雖是一則虛構的網路笑話，但現實生活上，類似這樣自己嚇自己的事，在醫院裡確實是時有所聞。面對自身的疾病，要用智慧去理解它、用智慧找出解決辦法。天底下沒有真正無解的疾病，只有誤認為疾病無解的人。疾病是最好的健檢師，它顯化出來提醒你要改變心態、轉化心情、調整作息。想要健康，就應該專注在美好的健康上面、專注在身心靈平衡上面，而非老想著老態肯定龍鍾、老了會有病、老眼昏花一定會老花……這樣子的事情。遇到奇怪的人，找你合購奇怪的藥、買奇怪的營養補充品，恐嚇你若不如何如何，就會怎樣怎樣，千萬別亂吃亂補一通。臺灣人洗腎率世界第一，很多都是亂吃吃出來的。面對有偏差的醫療訊息，要有八風吹不動的定力，千萬別被誤導。心若不動，風又奈何。

◎感謝、愉悅、滿足、利他、好的信念：心的使用規則真的很簡單，就是「近朱者赤，近墨者黑」。硃砂是紅的，墨是黑的，這不是廢話嗎？你去摸硃砂，難道手會變成綠的？不可能嘛。

冷靜一點，靜下心來想清楚。你是否哀嘆自己沒錢沒人緣？是否曾抱怨不公平，結果還真的一直都富不起來，還真的遇到越來越多的不公平？你罵人家是爛人，那人是不是還真的就做出更多讓你厭惡的事？心之所想，示現為宇宙間的萬事萬物。你真正想要什麼，還真要想清楚呢！不要亂說亂想、心口不一，想著別人要害你、要背叛你，或是身心靈想要的各不一樣，或是一下子想要這、一下子想要那。心很亂，顯化出來的世界，自然不會太好看。

別忘了，心如工畫師，你若喜歡紅色，就用硃砂去畫畫啊！喜歡什麼，就想著什麼，要有信心，要對自己的心有信心。你信任自己的心，完全授權給它，它能發揮的也就沒有極限。這是心的規則。

那宇宙的規則呢？有沒有什麼能讓心的運作如虎添翼、功能更強大？有的！去感謝，感謝才能讓你真正擁有，而抱怨不能。去感受愉悅、去感受滿足，能避免落入欲求不滿的陷阱，致使自己心力交瘁，無力專注在真正重要的任務上面。去利他去給予、去聚集好的信念、去推動善的循環，能產生複利的效果，讓你做什麼都越做越容易、處處逢源，而且都還是好緣。

一念複利，利滾利；一念高利貸，債台高築。請小心使用你的「心」！

40 與痛苦煩惱脫鉤，看懂情緒打暗號

憂傷煩悶、抱怨憤恨、緊張焦躁、低落厭世……這些，人們慣用「負面情緒」來稱呼它們。但我不這麼覺得！情緒本身無所謂「好」或是「壞」，它對人的身心健康會產生「正面」或是「負面」的影響，端看人的心，怎麼去面對它。運用得宜，紛雜的情緒能成為救命的助緣，太過與不及時，才會傷害健康。

呼吸心跳藏不住情緒

中醫有所謂「七情內傷」的說法，七情是喜怒憂思悲恐驚等七情。《黃帝內經》指出，怒傷肝、喜傷心、思傷脾、憂傷肺、恐傷腎。另外，過度悲傷觸動到肺，極度驚恐干擾的是腎。為什麼心裡面的感覺，能去影響到臟腑系統的運作呢？我認為跟呼吸和心跳最有關。幾年前，麻省理工學院人工智慧實驗室曾研製出一款名為 EQ-Radio 的情緒檢測儀，透過無線電

訊號偵測人的呼吸模式與心跳頻率，來判定你現在是悲傷（Sadness）、生氣（Anger）、歡樂（Pleasure）還是喜悅（Joy），研究人員實測準確率高達百分之八十七。

其實不用這台機器，有練過靜心、敏感一點的人其實也很可以察覺到自己呼吸、心跳的變化。像是生氣時，人會不自覺停止呼吸，焦慮恐慌時呼吸急促短淺，抑鬱或生悶氣，一口氣憋在胸口，忘記吐出來或吐不乾淨。心跳因情緒產生的變化也很明顯，例如興奮期待時心跳會加快，這個大家都很有經驗。而害羞緊張時，比方說看見暗戀對象，愛情小說形容「心臟漏跳了一拍」，換做醫生，便說心律不整或診出結脈促脈。不用看別的，光呼吸、心跳這兩樣，便足以影響人的神經系統、內分泌系統、心血管系統、消化系統、淋巴與免疫系統，以及泌尿、生殖系統。換做小說家來說，就是「他和我之間，起了微妙的化學作用」，也是滿精闢的。

一般來說，大家不會去擔心這個「微妙的化學作用」會去傷到身體，不是說你有情緒就會傷身，七情要達到「傷」的地步，那要是太超過了才會傷。突發的巨大暴怒、長時間過度的悲傷、極度驚恐驚嚇、思慮操煩過度，這些叫做太超過。

其實還要謝謝這些情緒

是人都會有情緒，沒有情緒反應就慘了，要去看身心科。事實上，人之所以可以順利進化到今日，不被猛獸吃掉、不因歉收餓死，趨吉避凶，全靠情緒的幫忙。喜怒憂思悲恐驚種種情緒，大幅提升了人類生存的機率。

猛獸來了、敵人入侵，「緊張」幫你成功逃脫。獅子咬過來，還在那邊嘻皮笑臉不知道緊張為何物的人，早就被當成午餐。收成不好、收入不好，「擔憂」與「焦躁」促使人節約、儲糧儲蓄，安然度過景氣寒冬。那些不知擔憂、不會焦躁的，少了未雨綢繆的動機，時機不好時，恐怕還得靠人接濟。「低落厭世」讓人在亂世中採取保守態度，多觀察再行動，因此較不易上當受騙、白白損失。

種種情緒在環境變動時，不斷給你打暗號，助你度過重重考驗。靜心覺察各種情緒升起背後的良善用意，你收到了、瞭解了，就可以把情緒放下了！

放下，就無傷

情緒的傷，中醫叫「七情內傷」，而西醫則有不少癌症個案，是由於長久無法釋懷的低落，和種種不利生的小習慣，累加而成的。想要離開癌症，除了種種配套措施外，還有很重要一點就是心念一定要轉。任一種情緒，都會引發身體的生理反應，釋放出荷爾蒙與種種化學物質，幫助人體做出適當的反應。這原先是好事，但偏偏很多人收到情緒打的暗號後，卻遲遲不肯讓情緒離開，把情緒時刻掛在心上，這樣一掛，讓各種系統亂掉、生理機轉失衡，心有罣礙，身體也經常跟著掛出了毛病。

情緒是郵差，他們的任務是給你通風報信，收到信之後跟郵差說聲謝謝，就送他走，哪有強押郵差留下的道理？收到情緒給你打的暗號之後，你說「感謝你喔，慢走不送！」這樣就可以了。這一周，來練習這個。

47

揭開魔鬼面具，認出你的忍辱教官

從前有個在西藏弘法的大師，儀表堂堂，處處與人為善，一說法就讓旁人如沐春風，非常舒服，大家都非常喜歡他。大師出入總帶個弟子，長相猥瑣，又愛仗著自己是大師的徒弟，對師父不禮貌就算了，對外人更是不客氣，一開口尖酸刻薄、頤指氣使，大家都非常討厭他。

於是有人就問，「大師啊，像您這樣如日如月的偉大之人，怎麼身邊會有如此小人，您應該把他換掉，換一個和順謙恭的來才好。」對啊對啊，「換掉換掉」、「把他趕走」，大家起鬨，紛紛這樣說。大師聽聞，也只是笑笑，解釋到「不能把他趕走啊！我這個徒弟是我很重要的『忍辱教官』，專門訓練我脾氣的。多虧有他，我才能真正練成心平氣和的功夫。」

愛生氣的心魔最怕什麼？

世上最侵蝕心靈的至毒，莫過於貪嗔癡三毒。其中「嗔」是嗔恨、生氣的意思。想療癒嗔恨之心，西藏修行者認為修煉「忍辱」，最能打敗愛生氣的心魔。人家損你、罵你、苛薄你，你都不生氣，那你就成功了！這周，我們來修煉忍辱。或許有個人剛好是你的眼中釘、心頭刺，正好把他當作你的忍辱教官。

有一點很重要，大家不要誤會，看到忍辱的「忍」字，以為是要憋著不發作。不是這樣的！憋著也太委屈了，不是讓你敢怒不敢言，生悶氣憋著，這一憋，就容易憋成易罹癌的C型性格，千萬要當心。

練習忍辱不是要人隱忍不發作、壓抑怒氣。而是要練習以更宏觀的視野，綜觀前因後果，提高自己的層次，站得更高、看得更長遠。可恨之人，必有可憐之處，世上沒有真正壞的人，只有真正壞的狀況。能看清楚，就知道沒必要跟他急。如果你身邊出現了這樣容易激怒你的人，別急著甩掉他，他如黃金一般珍貴。你丟了黃金，等於錯失開智慧的好機會。

人在順境中，事事如意，大家都說你好話，是沒辦法練習忍辱的。順境中保持心平氣和沒什麼了不起，只有在逆境中還能心平氣和，才是真功夫！當有一個討厭鬼出現在身邊，處處忤逆你，處處找你麻煩，希望你能認出他就是你的「忍辱教官」。你認不出，他就越鬧。不如趁機好好精進一番，別浪費了升級的大好機會。

最高境界，不覺得是被罵

我們西藏人有個觀念，就是「別人說你壞話，等於在幫你念經」。給罵了幾句，災禍就消了幾許。別人對你不禮貌不尊重，即是「最好的供養」。激怒你的，正是成就你的，真正做到人家罵你，你還不覺得是被罵，反而能看清這是一份大禮，那你就算是開了眼開了智慧。因為你的眼睛夠雪亮、心夠清淨，能察覺到一切看似負面之物，其實都暗藏著美好。非常了不起！

若採取宏觀角度，這世界上，還真沒有什麼「不好」的東西、「壞」的人、「魔鬼」或「敵人」，這些，都只是你的心，為他們貼上的標籤。如果你能理解那個罵你的人出現在你身邊的意義，背後是良善的，如此，你的心，將獲得無上的平靜。這就是靜心的最高境界——透悉一切，了悟實相。

最忌諱被牽著鼻子走

嗔恨的心魔很麻煩的，他就等著看人「破功」，動怒傷身，尤其你不修煉沒事，一旦開始下定決心修煉，幾乎沒有人可以不用去面對自己的心魔。人家一罵你，魔就在你耳邊囉嗦挑撥、搧風點火，此時若被牽著鼻子走，跟人對罵開戰，那就像自己拿針戳破自己的福袋，不只福氣都消掉，罵得越兇、越氣，越是引來災禍。要小心，修煉靜心的路上，萬一遇見心魔，你不要理他，因為他肯定會為你指一條錯誤的路，引導你通往更多病痛更多磨難的路，別傻傻跟在他屁股後頭走。

人家罵你，至少，你可以選擇不聽不回應，眼睛望向無垠的宇宙，放空。厲害一點，你還能笑著聽看看人家罵什麼，然後去原諒那個罵你的人。最高明的，認出他是你的忍辱教官，於是你說「謝謝你」前來成就我。當你能由衷地說出「謝謝你」這三個字時，你已然擁有一顆最真實的心，一顆無堅不摧、煩惱不起、純一堅利的金剛心。

42 掏心掏肺不傷心，執著期待才傷心

我常常推廣利他，有人就說，「我怕被辜負，我對他這麼好、付出這麼多，只怕日後要傷心」。

看戲哭戲從戲中走出來

很多人都會遇到這樣子的利他瓶頸。想要對人好，卻又不敢。難道是連續劇看太多了？付出付出，然後被辜負，然後哭得你死我活，淋著雨很心痛這樣。為了戲劇效果，演員情緒通常會比較激昂一點，拚個收視率。

電視演的，跟它認真你就輸了。不都說演戲的是瘋子、看戲的是傻子？大家傻傻看，隨劇情哭一哭、笑一笑，電視關了就放下了。灑狗血劇情，何必當真？現實人生，你掏心掏肺利他什麼都不用怕。想付出愛、想付出關懷、想順手幫人一把，即便是陌生人，只要看見有人落難，就不捨，想伸出援手，就盡情去做吧！誰都不能攔你。人之所以為人而異於動物，正因為

天生即具有這樣的惻隱之心、慈悲之心，這是高貴的品格，壯大它都來不及，幹嘛去壓抑它呢？心的素質特別高的人，做起利他來，簡直家常便飯，也不見他們成天哭哭啼啼的啊！我就沒有聽說誰因為做了慈善，而破產的而落難而遭遇不幸的。

不是因為你做了好事而傷心，做好事會開心，還會健康長壽。之所以會傷心，是因為「執著」。執著於期待，然後期待落空而痛心疾首。由妄念所生出的種種期待，宛如沙漠裡一座座海市蜃樓，本就虛幻、不存在，若執著想找到它走進它，哪有可能，終究要失望的。入戲太深，把自己當成悲劇女主角的傷心之人，往往沒察覺到這點。看戲哭戲入戲無妨，但不要迷戲，電視關了，就從戲裡走出來了吧！

別讓「我執」令人不開心

掏心掏肺付出很開心，令人不開心的，其實是「我執」。何止傷心而已？不開心、生氣、種種煩惱與痛苦，都與我執有關。

在愛吃辣的國家，關於辣的形容詞能有數十種，語言的特色，反映一地人的思維方式。藏語也是很有特色的語言，第一，它幾乎沒有什麼罵人的話，其次，就是一個句子中，「我」這個主詞經常被省略。到底是藏人因為學習佛法，所以言談中「無我」？還是因為語言的關係，

「我」這個字很少講，因此容易放棄對自我的執著？這是一個雞生蛋蛋生雞的問題，就先不去管它了。重點是，怎樣才能「無我」。這是本周修心的重點。

要除去我執，首先要知曉世事無常。萬事萬物萬萬人都處於變動狀態，地水火風空五元素時時轉化、時刻生滅，就連人的身分，也是經常變動，沒有一個固定的「我」在那裡。我今天是「兒子」，明天可能就變成「父親」，在診間是「醫生」，脫下白袍吃碗陽春麵，就單純只是一個「吃麵的人」。如果我跟賣麵的老闆計較說，「喂，老闆，我高級知識分子耶，請拿高級陽春麵出來。」陽春麵就是因為它很陽春，才叫陽春麵嘛，哪有什麼高級或低級的陽春麵，我如果這樣去為難老闆，豈不很傻？真正去了解「無常」，可以省下很多傷心，並成為能隨機應變、像水一般充滿彈性的一個人。

不用「我」，改用「你」

當人以自我為中心時，悲慘的眼淚人生就此開展。一直卡關在「我想怎麼樣。」「我應該被如何對待。」「我才是對的，錯都在你。」，我、我、我，這是最自私的一個字，也是註定要悲傷的一個字。

相較於藏文很喜歡省略「我」，中文的「我」，卻經常被放在前面。小時候學造句，你肯定練習過類似的句型：「我的夢想是……」「我認為……」「我覺得高興／難過／興奮，因為……」。成長過程中，大多數人還會學到類似這樣的概念：我應該得到尊重、我應該如此被對待、這是我應得的、多寵愛我自己，所有人事物皆以「我」為出發點，所有一切皆要符合「我」的期待。就差沒說出「整個世界都應該圍繞著我而轉」這樣自大自私的話。如果不按我的想法，那個「我」就要生氣喔！

那個「我」回家時，跟另一半說，我想要如何，老婆得照著我的指示做才可以。那個「我」上班時，只有自己的意見才是意見，同事都該聽我的，否則就是豬隊友。那個「我」去寺廟、去教堂祈禱時，都說，主啊！神明啊！佛祖啊！我要健康、財富、愛情，我要這個那個，請達成我的願望吧！一直要一直要，但憑什麼別人要滿足你咧？這樣要，通常要不到，不如己意，那個「我」什麼情緒都上來，覺得做什麼都不順，人生好難。執著在「我」，將處處受限，人生格局越執著越小，當然做什麼都難。

人人都說西藏密宗神祕，知道很多祕密。說穿了，其實就是「利他」兩字，利他威力之勇猛，可媲美文殊菩薩手上那把能斬斷無明的利刃。用這兩字，可以破除對自我的執著，預防你走上注定悲傷的道路。練習「無我」，改以「你」字當開頭，「你好嗎？」「你覺得怎麼樣？」「你需要什麼嗎？」，學會以「你」字當開頭，從此就從窘人生裡解脫。

43 不怕太幸福，訂製九十%美好的未來

不騙你，人能改變未來！未來有兩種，一種是越來越好的未來，一種是越來越衰的未來。

發怨不如發好願

美國社會心理學界有個很出名的法則叫「費斯汀格法則」，大意是：「生活中的百分之十是由發生在你身上的事情組成，而另外的百分之九十則是由你對所發生的事情如何反應所決定。」

提出這個法則的學者費斯汀格（Festinger）說了個故事。卡斯汀早上刷牙時順手把名牌錶放在洗手檯。老婆怕弄濕，把錶移到餐桌上，結果被要拿麵包的兒子，給不小心摔了。卡先生怒揍兒子，怒罵老婆，然後接連發展出一連串衰事。包含自己忘了帶公事包、老婆急著趕回家撞翻水果攤、卡先生被上司罵、老婆全勤獎泡湯，兒子因心情不好而輸了比賽。這一連串的連

鎖反應，有人聯想到了「蝴蝶效應」，亞馬遜河的蝴蝶搧了搧翅膀，最後掀起十萬八千里外密西西比河的一場風暴。

學者對因果做了生動的描述。每一個念頭，僅僅是動了一個念頭，不管是「發怨」還是「發願」，都會對未來有著異想不到的巨大影響。遇到衰事，我不敢責怪、不敢抱怨，因為我知道，我一但發火、一但責難下去，等於踏上了越來越衰的未來。所以，我偏好選擇原諒，等於設下停損點，讓損失到此為止。慈悲與原諒，阻擋厄運的骨牌繼續發展下去，抱怨與發怒，則加速骨牌推進的速度。

若想為自己訂做越來越好的幸福未來，當那百分之十的事情發生時，要謹慎回應，因為你的反應，決定未來百分之九十的劇情發展。發抱怨文，你就會收到更多值得抱怨的衰事，種下心願，你就會得到來自四面八方的幫助，來幫助你實現那些美好的心願。

釋放藏在DNA裡的天賦

按「費斯汀格法則」，你的反應、你的態度，甚至是你對自己的看法，才是真正有影響力的。如果有人說你蠢，你大可左耳進右耳出。有一個大家公認的天才說，「每個人都是天才！」。請你打從心底去相信這句話。

人人皆擁有獨特的天賦，好比埋藏在地底下的金礦，人的天賦，寫在DNA裡。有人老早就挖出來發揚光大，而有些人到死都不知道自己有那樣的東西存在。永遠不用感嘆自己開悟太晚。孔子「五十而知天命」，就連山東第一學霸也到了年過半百的年紀，才終於認識到真正的自己。開啟天賦，永遠不嫌遲！

為什麼大部分人沒辦法很快地「挖出金礦」呢？很大一部分原因是受了考試成績、工作考績、俗世價值觀，和其他閒雜人等的誤解與偏見所影響。以上這些，不一定能忠實地衡量出、反映出你的天才、你的本事。如果能，那很好。如果不能，就不用管它。

比方說，一隻游泳超快、很有游泳天份的魚，如果他考的是爬樹，那連小小的螞蟻都比不過。所以說魚很笨？魚很沒用？不是，魚只是選錯了戰場，考錯了項目而已。

認識天賦的三個特徵

這周，請靜下心來，靜心找出自己的天賦（可能不只一種）。天賦有三個特徵，第一，你在實現它的時候，內心感到無上的豐盈與滿足。第二，這事你彷彿天生就會，輕輕鬆鬆就做得比旁人出色。第三，天賦不一定是能幫你賺到錢的「技能」。有些天賦很花錢的啊，比方說樂善好施，不過實踐它不必有所顧忌，總是有辦法在其他方面賺到足夠的錢，讓人進行他最喜歡的樂善好施活動。

如何彈奏幸福三部曲？第一樂章，靜心挖掘自己的天賦。接著續曲，盡情發展它。不用管旁的人雜七雜八閒言閒語，許多偉大的計畫經常遭致平庸的反對與自己心魔的試煉，若不把它們當成阻礙，它們就成不了阻礙。最後終章，享受實現天賦的結果，成為這世界上最快樂的人！

為了加深印象，請把愛因斯坦（Albert Einstein）的話，再看一次。他說「每個人都是天才！但如果靠爬樹的本領評斷一隻魚，那隻魚會一輩子相信自己很笨。Everybody is a genius. But if you judge a fish by its ability to climb a tree, it will live its whole life believing that it is stupid.」

44 創造開放式靜心，突破身心靈極限

各種修行法，都只是方法，隨著層次的提升，舊的方法可能需要丟掉，否則無法進步。就好比你撐船渡江，渡過了以後，就該把槳放下、把船留下，難道還打算揹著船繼續走？下一階段搞不好要飛，這時候你需要一隻大鵬鳥，船就沒有用了，總不好要大鵬鳥連你的船一起帶上青天吧！這艘船、這隻鳥，就是你靜心的方法。世事無常，方法也無常，面對不同的修煉目標，方法有時也會很不一樣，大家不妨給自己多一些彈性空間。這個彈性空間，就好像傳統水墨畫上的留白一樣，令你的心，有餘地迴旋。

進階修煉，鬧中取靜

剛開始學靜心靜坐，或是靜心獨食、靜心走路，有一個安靜的環境，是比較理想的。因為一開始心還不是很熟悉「靜」這個狀態，所以找一個雜音很少的地方來修煉、把外在環境打掃

乾淨、把身體淨化排毒乾淨，都是一些方便做法。

若按照章節順序一周周來練，你練習靜心到現在已經好幾個月了，應該有點心得。如果你在安靜房間中，能體驗到寧靜，這周，何不試試在眾聲喧嘩處，是否一樣能得到無上的祥和與安穩？是否一樣能夠很容易進入雜念、妄念不起的專注狀態？

鬧中取靜是一種什麼樣的境界呢？大約類似陶淵明所說「結廬在人境，而無車馬喧。問君何能爾，心遠地自偏。」你若心裡安靜，就不會覺得外頭車啊馬啊，以及走路逛大街的人，有什麼吵的。心火生魔，你看誰都火大，心涼清靜，你看誰都順眼可愛。

靜心靜到能在鬧中取靜，非常厲害。如此，你已經突破空間限制，可以把專注力發揮在更多地方。從前非要找一處安靜的地方來練習靜心，就像把自己封閉起來，戴上耳機用音樂隔絕外在世界，一個人獨自跑去山上住，把自己跟他人這樣隔絕、隔離開來，這是二分法，二分法最簡單，但有侷限。一開始你可以這樣練習，但不能都一直這樣練習，否則最後容易走火入魔變得孤僻，練靜心練到厭惡人聲、容不得別人吵，這樣就太超過了。主動去享受寂靜跟不得已的孤僻不一樣，前者有助於自律神經平衡，後者因缺乏安全感與實質上的支撐，一旦生病，失去健康與衰老的速度會比一般人還快。

要怎樣知道自己的專注力有沒有達到能鬧中取靜的境界呢？進入這階段的人，會出現以下狀況，「沒聽到手機響耶！」「唉呀，怎麼時間過這麼快。」「奇怪，怎麼都不會餓。」當人專注於真心喜歡的事物上面，因確實活在了當下，時間的流逝對你來說是沒有意義的，於此同時，外在環境的聲光色也不能干擾到你。又好似頭上插了天線，隨時能跟宇宙智慧之心連線，時不時靈光乍現，創造力旺盛、靈感源源不絕。高明的作家、藝術家、音樂家、創意工作者，基本上都是在這個境界，把作品「變」出來的。

更上一層，無我之境

能在鬧中取靜後，下一階段來學「融入」，這是物我兩忘、天人合一的無我之境，屬於一種開放式的靜心。不管外頭吵或不吵，也不去管心裡有沒有靜，都沒差，因為已自然而然融入此時此地中，以一種專注而愉快的姿態。

要怎樣知道自己有沒有融入呢？用開車來比喻，需要在安靜地方才能靜心的人，就像一個在鄉下車少的地方才能專心開車的人。至於能在喧鬧地方靜心的人，就像一個眼睜睜看著旁人違規亂開，自己卻仍能專心開車專注力絲毫不受影響的人。

而到了無我之境，那就不是普通的開車了，而像是在世界拉力錦標賽（WRC）中賽車。不加思索即人車合一，雪地、泥濘、曠野、崎嶇山路、寬闊草原，只要有路，不管是哪種路都可以開，沒有任何侷限。我們一般人看到雪地、泥濘都會想，「啊！這真是太難開了。」「搞不好會拋錨。」但靜心靜到無我的境地，便如那一流的賽車手，看到各種奇奇怪怪的路，他們就不會像一般人那樣想，沒什麼「難」的，越是奇怪越有挑戰越是好玩。

進入這階段的人，能享受到極致的專注所帶來的頂級滿足感、成就感與愉悅感等種種正面情緒。雖說「鬧中取靜」已經很厲害了，但能「融入」，則是更高明的技巧，你可以在最頂尖的賽車手、運動員上，欣賞到這樣的融入，或者，你也可以親自體驗看看。

45

拆解不定時炸彈，他只是害怕而已

當春天來臨時，有些人感受到鳥語花香、春風襲面、暖意洋洋。然而另一些人呢？可能會發現到，怎麼最近身邊的人都那麼容易生氣啊！行為脫序、動不動抓狂，帶給人不少心理壓力。

春天回暖，喚醒的可不只是土壤裡的小蟲子而已，同時也讓埋在心底的各種情緒、各種問題，浮上檯面爆發出來。突然回暖、變熱時，愛生氣人的「火力」，恐怕會是平常的好幾倍。旁的人也容易受到影響，尤其動不動就爆走的「不定時炸彈」，最讓人吃不消。

當然不只春天，沉潛在細胞裡的各種雜訊會釋放出來，當人在做排毒療程時，特別是涉及心靈層面的排毒，比方說靜坐靜心，舒展肌筋膜。或是冷了好幾日，突然有一天變熱的時候，當收斂的、閉塞的、晦暗的轉換為揚升的、開放的、明亮的，就像春陽引蛇出洞一樣，都是不定時炸彈最容易爆炸的時機點。

我以前特別不習慣有人在我旁邊爆炸，因為我從來沒有過這樣的火力，家鄉的人也從來不曾這樣生氣過，所以我缺乏經驗值，一開始不知道怎麼面對，只能任憑尷尬的氣氛慢慢消散。不過現在我知道怎麼處理了，在了解原因之後，我還很會拆炸彈呢！

越害怕的人越兇

有一種怒吼，源自於害怕。害怕改變、害怕沒錢、害怕失去、害怕孤獨、害怕被人瞧不起、害怕被人看破手腳、害怕變老變醜、害怕跟不上時代、害怕被子女遺棄，或是具體來說也不知道在怕什麼，就是成天很沒安全感這樣。

當害怕被觸發時，因為不知道該怎麼辦，所以就先用罵的、發火、怒氣逼人，來掩飾害怕。誤以為聲量比較大，別人就看不出自己的軟弱，說話特別不客氣「你那什麼態度。」「叫你照做就對了，問那麼多幹嘛！」「這不關你的事。」「跟長輩這樣子頂嘴，書讀再多又有什麼用。」「對啦，都你對，別人都錯。」「算了，隨便你啦，反正我不管了。」蠻橫無理、顛三倒四、是非不分，甚至帶有攻擊性、小孩子氣、無理取鬧。事實上，就是無理才會鬧，若有理照理走就好，又何必鬧。

遇到這樣的人，硬碰硬包準是兩敗俱傷。更不要一針見血直接戳中要害，有所畏懼的人，最怕失顏面、最易惱羞成怒。因此你即便得理，也要饒人。對於一個十分害怕的人來說，道理再好、做法再對，他也是聽不進去的。

感到危險不能不吠兩聲

我以前養過一隻狗，牠平常都很乖，很少亂叫。想找人玩，會直接跑來人旁邊抓兩下。待在家沒事不會無聊叫好玩的，也不怎麼跟鄰居的狗聊天。算是一隻很安靜很穩定的狗狗。只有在遇到貨運、快遞、郵差等陌生人靠近家門時，牠才會火力全開狂吠，不知道的人，還以為內有惡犬。但我我看牠一邊吠一邊還往後退，一副隨時準備落跑的樣子，知道牠只是害怕、感覺受到威脅，不知道外頭來者何人，先吠先贏罷了。

狗害怕時會吠，而有些人，也會。

我在西藏的師父曾提醒我，布施能讓人真正得到快樂，而最好的布施之一，就是「無畏布施」，去免除他人的恐懼、予人力量與勇氣。比方說有人怕黑，你幫他留盞燈。有人怕小強，你把小強移到戶外。有人怕口試，你安慰他教他口試的訣竅。有人怕老，你跟他說明老了不一定會生病、熟齡生活還有很多有趣的選項。有人怕失敗，你給他祝福與力量。有人怕肚子餓，你為他在電鍋裡留好飯菜。有人怕丟臉，你幫他圓了場面。有人怕跟不上，你不著痕跡地放慢腳步，好讓他跟上……但凡運用自己的財富、才能、智慧去使人脫離害怕，心能安穩，都算是無畏布施。這周，請隨緣練習「無畏布施」。

雖然說我們做什麼事不是為了求回報才去做，是真心喜歡這樣做才去做。但無妨讓大家知道一下，無畏布施的果報事實上非常地不錯，是健康長壽。按照「利他的好意，終究會加倍返還到自己身上」這個宇宙法則，因為你為人提供的是肉身的安全或心靈上的安全感，因此返還到自己身上時，也是以身心俱安的方式呈現，換句話說，就是長壽健康。

理解了怒吼狂吠的原因，下回遇到炸彈時，就別讓他人的無禮、惡言惡語，澆熄了自己的慈悲心。試著去理解、諒解那些無理取鬧。

他只是害怕而已。

46 綠手指開好運，開心開財運開智慧

每每跟年輕一點的朋友提及「慈悲心」，他們臉上幾乎都是一臉狐疑的表情。好像在說「那是什麼？能吃嗎？」或直覺跟宗教有關，無神論者便自動「消音」。放棄這條能讓自己獲得幸福的方便途徑，有點可惜。慈悲心不能吃，它也不會咬人。它是宇宙間最強大的溫柔力量，助人脫離恐懼、心得安定，也令自己天天開心。當人的身心靈受到慈悲心的溫柔呵護時，同時也獲得最堅實的支撐與安全感，人將不再感到孤立無援，此時此刻，療癒與轉化，才有可能發生。在西藏，人們始終相信，經過慈悲心加持的藥物、食物或療程，能使人更快更好地恢復健康。所以，在培養一名稱職藏醫的過程中，修持自心的重要性，並不亞於學習醫療技能或相關知識。雖然說慈悲心在佛學脈絡裡被提到的次數十分頻繁，但這最強大的溫柔力量並非佛教獨有，它遠遠凌駕於任何宗教之上。我很喜歡舉的一個例子是，印度人相信如果人擁有慈悲心，那他就不是普通人，他高貴的心靈具備神性特質，因此能撼動梵天下凡與他相見。梵天是

最受印度貴族所景仰的神祇，而能與神同行是貴族們畢生的心願。

花花草草，改變壞掉的世界

雖說有個「悲」字，但慈悲心的深層，並非是全然悲苦的，反而是輕鬆、自在、開放、愉悅的。並非像有人誤解的，一定要很悲壯、隨時準備犧牲這樣，沒那麼慘烈。要是那麼慘，我也不會建議大家修這個了。相反的，你越是輕鬆自在與開放，也越能發散出良善的頻率，去令整個世界、整個宇宙，都越來越好、大家一起提升。一顆有力量的慈悲心，足以將一個壞掉的世界，矯正過來。講得這麼神，那要怎樣修煉呢？其實並不難。因為這顆慈悲心，是我們與生俱來就有的。本來我們天生就有為人拔除痛苦、提供幸福，並為自己升起喜悅的超能力，但一路上遇到太多牛鬼蛇神、莫名其妙的人，漸漸心冷，逐漸把這能力封印起來，變得開放性不足。基本上就如同把慈悲心放進了冰箱一樣，活性整個降低。要知道，能力跟體力一樣，都是用進廢退的。你不用它，它就呈現休眠狀態。所幸，透過幾盆可愛的花花草草，能讓我們解除封印，重新讓心溫熱起來。這周靜心的功課，是透過植物來恢復慈悲心。以下提示三個重點。

◎與不疾不徐的生長速率同步：世界變化太快，快到我們經常被催趕，還時常會有跟不上的感覺，盯著時間的巨輪，人心容易變得急躁不安缺乏耐心。把目光轉向植物，則能重拾耐心，並把這個耐心擴及到周圍的人身上。一株好植物，陪你靜心，避開時間巨輪的傾軋。

◎**將黑手指升級為綠手指**：能把植物照顧好的人，通常也能溫柔待人，懂得體貼他人最微小最微小的需要。在人我關係中受過傷的人，剛好可利用這一點來做「復健」，練習發出善意，原諒過去曾欺負你的人，再次把那個溫柔細膩的自己找回來。

◎**重新開啟宇宙能量通道**：看植物天天成長，令人開心，這不用多解釋，自己種種看就知道。至於開運跟開智慧呢？跟開花、開展新葉是類似的概念。去觀察那些成天不開心的人，往往財運、運氣都不好，因為他們對「開」這個動詞很陌生。人藉由觀察實體的「開」枝散葉、「開」花，能日日強化、連結到抽象的心花「開」、「開」運、花「開」富貴，以及最棒的「開」智慧。感覺閉塞、不暢通？植物就是你最好的開運開關。

從醫學角度來看。觀賞賞心悅目的植物刺激副交感神經活性、舒緩緊張緊繃，不但讓健康的人擁有較好的免疫力，也讓正在從疾病中復原的人，自癒力更強、疼痛的感覺更少。能有個健壯身體當作靈魂載具，便更有餘裕去發展慈悲心、修煉幸福力。

這周，來研究一下想種什麼吧！世上成千上萬種花草，肯定有一株與你相應，他即是你最好的靜心教練。讓我們一同澆灌慈悲心、茁壯幸福力，讓冷漠的世界，再次熱鬧起來。

47

於善循環中，為自己留下一席之地

「在善循環中，找到自己的位置」是本周的功課。

很難嗎？不，這超容易的。就像是在 Booking.com 或 Hotels.com 上訂好房間，接著，只要開心入住就可以。「善」好比一個明亮的房間、好比陽光、好比油燈，你按下電燈開關、拉開窗簾、拿火柴把油燈一點，瞬間就亮了。從黑暗切換到光明，並不難，這是轉瞬間的事。只要你的心願意，你隨時都能安住在光明之境中。

就算你的習氣很調皮，不時跑出來把你的油燈吹熄，那也沒關係，只要再次點亮就可以。即便外頭的風很亂很急，把你如豆的微微燈火吹得忽明忽滅，看起來十分危險，那也沒關係，燃油多添點就沒問題。在西藏的佛寺裡，點燈這種事情，大家是天天做的、輪流做、互相幫忙著做、誰有空誰做。點燈、加油添火，象徵滅除心中的無明，重啟智慧之心，也有「照世如燈」的吉祥寓意，不只自己亮，大家都跟著一起亮，多好。

善的起點，已所欲施於人

善循環這種事很有意思，有點像推骨牌，只要啟動第一片，剩下的就會自己發展下去，相當的省心省力。而每顆心，都有本事去當那善循環的起點。

具體來說怎麼做呢？很簡單，就是利他。你想要什麼，就先給出去。你想要獲得尊重，就先學會尊重他人。你想要賺錢，就先幫別人賺到錢。你想要在旅途中有免費的沙發窩上一晚，就先提供自家沙發招待背包客。這個幫大家省錢又能互相交流文化、交換語言的好點子「Couchsurfing」，在全世界二百四十五個國家已有超過二百四十萬的免費註冊會員。我很喜歡他們的初衷「一沙發一世界：讓我們一起創造一個更美好的世界」。你可以提供吃住、提供文化導覽，或是帶著外國遊客去體驗你平常喜歡做的事情，而當你想要別人也這麼對你時，只需要在網站上輸入想去的地方、日期，等著被「認領」就可以了。

我有朋友靠著善心陌生人提供的沙發，在歐洲自助旅行了一整個月。有時，睡到的還不只是沙發，是一整套含衛浴、小客廳和陽台的舒適臥房。而有時，是一張沾滿貓毛的沙發，枕頭還充滿濕氣不十分乾爽。我那朋友境界頗高，不管外境如何，他都不特別高興，也不特別討厭，都能睡得像在自己床上那麼香、那麼甜，算是修心有成。朋友還用中國菜作交換，炒麻婆豆腐、糖醋雞丁什麼的，飯後甜點是鳳梨酥。藉由交換、分享，朋友不僅吃到了不少歐洲家常口味，也換來一段段可貴的跨國友誼。

最適合利他的時代

常聽人抱怨景氣很差、政府很妙、政客很吵、環境很亂，簡直是住在「鬼島」上了嘛！心很亂，自然那環境，怎麼看都是亂的。同樣一個島，葡萄牙人從前航海經過，就忍不住讚嘆，真是超級漂亮的！「Formosa（美麗之島）」他們這麼說。其實島就是島，人怎麼看它，它就在人眼中顯化出怎樣的模樣。我自己感覺這島，就是「蓬萊仙島」，跟我同鄉的同學們，畢業後大家都去加拿大、美國、瑞士，只有我選擇來臺灣繼續念書。臺灣醫學進步，人又善良，對外地人尤其親切，蔬果種類多又好吃，不會太冷不會太熱，對我來說，的確是仙島。在仙島上，我開了幾間診所，到處推廣健康與利他的理念，過著簡單而令人滿意的生活。

正因為人心善良，我覺得在此地此時此刻，就是最適合啟動善循環的好時機。因為絕大多數的人，都擁有高貴靈魂，所以好事情很容易推動、擴散開來。我建議大家可以從「免費、有效的服務」這方面發想。比方說，我在臉書上分享的養生法，只要會用網路，所有人都是免費可以看的。而想要學拉筋伸展，現在網路上也有很多免費的ＡＰＰ可以照著練。又例如我知道一位企業家，在家鄉弄了間書屋，為小學生提供課後寫作業、免費看書的地方。為了吸引小朋友前來養成閱讀的習慣，還免費請喝牛奶！這些，都算是免費而有效地服務。與其抱怨環境汙染，不如去參加淨灘淨山活動，每年都有很多單位發起，或者，也不需要刻意參加活動，看到有垃圾，隨手撿一下，也就很好。

錢是工具，不是目的

人生下來，其實就是一個免費的人生。你有看過誰一出生就帶著幾疊紙鈔、含著幾枚金幣的嗎？大自然所賜與人的種種，陽光、雨水、好空氣，不也都是免費的嗎？「免費、有效的服務」是宇宙一開始的規則，但人為了方便分享，便發明了錢來做為衡量服務的工具。漸漸地，有些人卻迷失在金錢遊戲中，變成錢的奴隸。忘了「無私分享」這個初衷，使自己越來越孤獨、不快樂。錢是工具，不是目的。那什麼才是目的？孫中山先生說：「人生以服務為目的。」愛因斯坦換句話說：「只有利他的人生，才是最值得過的人生。（Only a life lived for others is a life worthwhile.）」也是一樣意思。

這周，請自由發揮創意，為他人提供「免費、有效的服務」，很快地，就能讓自己重返符合宇宙規則的善循環之中，重新感受到源源不絕的愛、善意，與包容。

48

裝傻是種超能力，等一個時機

做人啊，若是每分每秒都很用力，那可是會讓自己累壞的呦！壓力再大都沒有關係，只要記得適時放下，就不怕身心出狀況。環境再差也沒有關係，只要懂得偶爾關機，保存電力，等待下一個好時機。

「跟他認真你就輸了」、「不用理他」我常這樣說。當各種似是而非、錯誤荒謬、無理或者無禮的話語和訊息流竄在你我身邊、耳邊，我們用不著每一次都去奮力抵抗它、去跟它開戰。何必為它浪費力氣？忽視它的存在，讓它像風一樣吹過、像河流上的枯葉一樣，流過就好。因為這種虛假的東西，本質上是脆弱不堪一擊的，時間，是最好的判官。天公伯終不會負了勤懇認真之人的努力，尤其你為了正語、正業、正命而有所堅持的時候。

裝傻、放空、充耳不聞、眼睛望向無垠的宇宙，暫時不作反應不是不懂，只為了把精力、實力，留給真正重要的人或事或物。

語言優化計畫

你覺得什麼對你真正重要？追求身心靈平衡、積極實現天賦、學會轉病為福、過得更好更幸福更安穩？這些都很好，與其把精力浪費在沒有意義的事情上面，不如將視線拉回自己的內心、靜靜心，來做些真正的好事情。何必去爭名聲、爭地位，逞一時口舌之快、爭一個口語上的勝利？要知道「萬般帶不走，唯有業隨身」。這周，讓我們來練習，管好自己的心，也管好自己的口。

當不想跟著別人一起抱怨，又一時間走不開的時候，你裝傻假裝聽不懂，暫時保持沉默，非常好，我欣賞你！正所謂「良言一句三冬暖，惡語傷人六月寒」，要說，就挑好時機、說有意義的話才好。

「唉呦，我又沒那意思，我是刀子嘴，豆腐心啦！」每次有人這樣「寬待」自己，我都很無言。刀子嘴就是刀子嘴，沒有比較「善良」的刀子嘴那種東西。刀子就是會傷人的東西，所謂豆腐心，不是你豆腐心而是我的心像豆腐一樣被你砍了好幾刀吧！

我看過太多素日裡積福、念經、做善事比誰都還認真的人，逞一時刀子口之快，傷人也傷己，把自己努力半天的「福袋」硬是砍出好幾個大洞。套句現在年輕人常說的「母湯喔！」朝幸福前進、無漏、全方位的修行，不只強調心善而已，身口意都要兼顧。

換句話說，從此人生大不同

受原生家庭、同儕團體所影響，人的語言可能出現以下幾種NG。比方說「你現在就是故意要找碴的就是！」此話一出，本來沒有要找你碴的人，也被你暗示非找碴不可了，倒楣的還不是自己。導向負面結局的引導式嗆聲，最好少講一點。改為，「別管那些五四三了，不如我們來去＿＿。」請自行填上你期待發生的幸福結局。越常練習，轉悲為喜、轉禍為福的功力越強。

「你不可能啦！」「少做夢了。」「我看你就是沒半點用。」。這種唱衰別人的話，多說無益，損人不利己。老闆注在「衰」、「不可能」上面，自己的人生也會充滿侷限性，綁手綁腳不自在。不如改為「好像不錯，可以試試看喔！」「讓我們來研究一下。」「其實我覺得還可以怎樣怎樣……」「你沒問題的啦，加油！」大方給予他人祝福，那福氣，向來是人我同享的。

「你錯了！」「這都是你的錯。」「早就跟你說吧！」「你為什麼都不怎樣怎樣。」這類宣布開戰的話語、挑釁的話語，通常沒有贏家，結局是兩敗俱傷。另外還有反諷法、否定句，也都容易招致不祥的後果。

有意義的話，用心講

有句話說「菩薩畏因，凡夫畏果」。若用惡言惡語啟動不好的因，衰事當然會接二連三發生，厄運自然接踵而來。如菩薩一般，用智慧去思量一下前因後果，就能更謹慎地檢查說出口的每一句話。

不知如何說好話前，沉默也不是不可以，沉默是金。舉個我自己的例子。畢竟華文不是我的母語，是我第三個學的語言，有時候會覺得詞彙不夠用，避免辭不達意讓人誤解，我也會先選擇沉默，靜心想好後再開口。因為我相信，有正面意義的話，不光用舌頭講，還要靠心一起來講。

而對語言掌握度很高、特別會說的人，避免多說多錯，平常不妨訓練自己說慢一點，讓每一句話都過一下智慧的濾網，除去會招來厄運的雜質，力求滴滴精醇、字字珠璣。但凡從你的口說出來的，都是金玉良言。

49 留神，醒著走出迷幻之境

人類生命的起源，究竟是什麼，我們為何而來，又要往哪裡去？這是宗教家、哲學家、天文學家、科學家、物理學家、小說家，你家或是我家，都很需要一個答案的問題。解答當然有很多種，其中一種電玩式的比喻，我特別喜歡。電玩式比喻是說我們現在所處所認定的這個堅實的物質世界，其實是用程式寫出來的，是虛擬的，人的存在，如同遊戲中的角色，也不過就是虛擬世界中的程式碼。

如果有看過電影，或許就不難想像。在《駭客任務》中，男主角基努．李維突然有一天明白到他所認識的世界是由電腦程式寫出來的，母體（Matrix）內建各種程式並連接大腦神經元，將眼耳鼻舌身意等訊號傳輸到人類大腦，使人們相信所處世界的一切都是真的，而事實上它是虛擬的。

責難之關最容易卡關

已開始修心的你，相當於按下了虛擬世界的「Play」鍵，開始準備打怪。修心這條路上什麼奇奇怪怪的都有。你若是個有創意的，那由你心魔所創造出來的妖怪，那更是很有看頭。若把人生比喻為一個投幾十塊錢，就可以玩很久的遊戲，其中有一個關卡特別難破，卡關事小，很多人困在裡面就出不來了，傻裡傻氣白白輪迴好幾世都還想不明白，太不值、太浪費時間了。因此，我在這裡把攻略先告訴你。

這個關卡我把它命名為「責難之關」。當智慧尚未完全開啟，斬斷無明的利刃也還不太會用的時候，很容易就迷失在這裡。這關場景如同武俠片裡的迷霧森林，霧濛濛、白茫茫與陰森森，給人一種迷幻、失去方向的感覺，待得越久，毒氣吸越多，越是走不出來。

怎麼知道來到這關呢？辨識方法很簡單，就是當你莫名其妙開始為一些芝麻綠豆、雞毛蒜皮事煩心，覺得別人怎麼這麼討厭、這麼不體貼，很想責怪別人的時候，就是進入了這個關卡。微中毒的徵兆是，怪完別人後，接著又會想要責怪自己，怪自己識人不清，怪自己命不好老被占便宜。中毒越深，怪得越起勁越有梗，搞得還真的像是全世界都聯合起來欺負你一樣，偏偏自己還很難察覺異樣，所以才會卡關。

用這兩招，馬上破關

那要怎麼破解呢？有兩招。第一招「算啦！怪來怪去也無解，只惹得自己更煩，索性不怪了，就算了。」大人有大量，馬上能破解。就算在這迷霧森林中，你遇上了許多妖怪，但你若不去看妖怪的話，妖怪他就不存在了。「放下」向來都是最無敵的大絕招。你若不傷，歲月無恙。這些妖怪看起來或許很恐怖、很討厭，但其實沒有妖怪可以傷到人，只有自己才能傷得了自己。倘若覺得實在放不下，不怪個什麼實在不甘心，第二招「就怪給情境吧！」你可以怪罪狀況，但不能責怪任何人，包含你自己，否則只會深陷怨氣的迷霧中，越是怪罪，越陷越深。

要知道，種下了因，必然得到果。有些因果的時間比較長，好幾世都牽扯不完。韓國電影《與神同行》一、二集，很好地演示了這樣的狀況。我很喜歡裡頭胖家神的一句話「世上沒有很壞的人，只有很壞的狀況。」這世間有太多的不得已，有太多人同時在進行考試，有太多人同時在修煉著什麼。因果複雜的程度，絕非三言兩語能交待清楚。你可以選擇原諒、選擇把一切當成修心的助緣。就是別把自己給賠了進去。

本周靜心功課如下：當最壞的狀況降臨，當心留神！最好是算了算了，就放下吧！最多也只能怪給情境！別吸進那怨氣之毒，你千萬要醒著走出來，莫在「責難之關」中，迷失了自己。

50 靜心好食，賜給你神奇的力量

宗教家、氣功大師、修道之人往往不顯老，他們心神穩定，也不常生病。除了有練有差外，我認為還有一個重要因素，就是他們「都很懂吃！」不是相揪去吃新餐廳的那種懂吃，而是知道吃什麼對心靈修持有益。

越吃越累不如不吃

有些食物，吃了拖累身體，也讓心靈淨化變得困難。覺得昏鈍抑鬱、喜怒無常、不安煩躁、老是很累？可能是不小心吃到了腐敗的、受汙染的、調味繁重的食物。我會避免的還有反覆加熱的剩菜、罐頭食物、碳酸飲料、不新鮮的肉、超量的咖啡因。有時人不是真的生病，也不是自我控管情緒的能力特別差，而是受到這些暗黑食物的干擾。吃錯東西，一般人要花好大力氣才能把它代謝掉。正從疾病中康復的人，消化、代謝、排毒功能往往較差，更應該慎選入口的食物，減少干擾與無謂的耗損，把大部份精力用在自癒上才好。

觀察印度教、佛教瑜伽士的習慣，修行期間他們常以純淨、充滿能量的食物，或者所謂的悅性飲食（Sattvic Diet）來補充營養，力求對身體造成消化代謝的負擔最輕，如此，身心靈的整合能更容易一些。

靜心好食清單

這一周，來了解一下什麼是真正能帶給你滿滿元氣的好食物。

◎**酪梨**：含有能保護你的優質油脂，益腦顧心，營養價值媲美母乳。不過酪梨熱量高，有減重需求的人，建議和朋友一同分享。接受酪梨滋養，願你重拾真誠無憂的赤子之心。

◎**香蕉**：攝取微量礦物質的絕佳來源，這對你的心緒安定尤其重要。憂鬱的、睡不著的、背負創傷與壓力的，幾根黃蕉下肚，將為你迎來金燦燦的快意人生。

◎**莓果**：提供生命力的能量寶石。小小一粒，掌握著抗氧化的祕密。我不會說「吃草莓、藍莓的女人不會老」，但肯定老得比隔壁那個愛生氣的慢。

◎**不加糖的新鮮柳橙汁**：有人美稱它是「上帝做出來的蒸餾水」，意思是勸人與其生病時才來喝藥，不如在健康時就把它當成預防疾病的飲料。更棒的是，它還很好喝！請盡量選擇現壓現榨的，並在半個小時內喝完。

◎**無花果**：除了搭配起司很美味，它還能幫腸道除舊布新，趕走壞的，留下好的。身心靈大掃除就靠它吧！向無花果學習怎樣去蕪存菁，斷捨離為自己留下真正重要的東西。

◎**奇異果**：低GI，助你告別血糖失衡所引起的情緒暴衝。世事已無常，若再加上雲霄飛車式的喜怒無常，那做人還真難。圖個細水長流的快樂，請試試奇異果！另提供一個舒暢祕方：果皮刷洗乾淨，連皮帶肉吃，便祕有解。

◎**木瓜**：萬一吃了暗黑食物別太擔心，木瓜會救你。肚子鬧脾氣、情緒有點糟，何以解憂？唯有木瓜。木瓜富含酵素，堪稱顧腸胃神器。人體中負責傳遞幸福訊息的血清素，有八九成來自你的消化器官。要能感受幸福，記得補充天然酵素，別讓腸胃不開心。

◎**十字花科家族**：地表最強的防癌家族。空污來襲，它們還能顧好你的肺。家族成員包含：綠的白的花椰菜、紫的白的高麗菜，白菜、蘿蔔、甘藍……，有機會不妨到菜園裡看看，花開四瓣成十字型的就是。

◎**香草家族**：鼠尾草、迷迭香、百里香，在家種幾盆，可造景、可入菜、可聞香，一舉三得。我特別看重它們的抗菌力，希望由它們來幫你增強對環境的適應力與抗壓力。此外，烹飪善用香草，調味料還能少用一點，減少鹽分攝取保護血管，多好。

◎**地瓜**：老少咸宜好入口，還能預防多種因消化問題所引發的疾病。想減肥，該放棄的是精緻澱粉，手握剛烤好熱騰騰的地瓜，那種好療癒、好滿足的感覺，就不該放棄。現在要買現成能吃的地瓜也挺方便，烤的、蒸的，超商都有。

◎**薑黃**：最天然的鎮定劑，緩解慢性發炎，提供開創新循環的契機，助你脫離痛苦的慣性迴圈。你不一定非靠薑黃素補充劑不可，好吃的咖哩裡面就有很多薑黃。

◎**蜂蜜**：可提升對流感的抵抗力，並帶來甜美、愉悅的感受，是你身心靈強而有力的後盾。我最愛的是紐西蘭的麥盧卡 Manuka 蜂蜜。然而臺灣好蜜也不少，想吃甜又怕精製糖傷身，就吃天然蜂蜜吧！

除了上述十二種靜心好食，全穀物、芝麻綠豆等種子食物、多樣化的當令蔬果、當地的藥草、綠茶或普洱茶、以傳統方法製成的起司等，也都很不錯。當我的飲食清單以這些食物為主時，即便沒有太多時間靜坐、持咒念經，我也能一整天心平氣和、輕安自在。優化日常飲食後，相信你也能獲得更上一層樓的靜心體驗。

51 演自己才精彩，活出最高版本

儘管我們想盡量圓融、萬事以和為貴，但事實上，在太陽底下，沒有一個人，能夠真正討好所有人，令所有人歡喜、滿意。與其花時間、浪費精力在永遠無法懂你的人身上，不如好好修煉自心、開啟智慧、實現天賦，活出精采人生。

佛經中有個很好的比喻。同樣一杯水，天人看它是甘露、凡人看它是杯水、餓鬼看它是膿血。水本身就是水，水沒有改變，卻因為觀察它的觀察者，眼界、稟賦、成長背景、教育程度的不同，而有了千千萬萬種樣貌。人就像是這杯水。你其實沒辦法去控制別人怎麼看你耶。但其實，別人怎麼看你不重要，最重要的是你能看重你自己！

利衰毀譽稱譏苦樂，關我屁事

本周來練習靜心，靜到「八風吹不動」的地步。八風是指順利、失敗、毀謗、讚譽、稱讚、譏笑、痛苦、快樂。再好再壞，你都能不動心，那你就成功了！

說到這八風，不能不提到蘇東坡跟他的靜心好朋友佛印大師。學佛的蘇東坡有天想到了佛學裡的四順四逆：利衰毀譽稱譏苦樂等八風，突然靈光乍現，寫下好詩一首「稽首天中天，毫光照大千。八風吹不動，端坐紫金蓮。」我覺得詩很美，大文豪本人剛寫完也是洋洋得意，把詩快遞給佛印欣賞。大師看完詩回了信，上頭只寫「放屁」兩字。蘇東坡一見惱羞成怒，快船直奔金山寺想找佛印出來講，一到門口，只見門上留了字條寫著「八風吹不動，一屁打過江」，蘇東坡完全敗給了屁，與佛印的PK，敗績再添一筆。每次看他倆過招，我都覺得很有畫面。記得剛學中文時，有個朋友的口頭禪是「關我屁事」，看他說得瀟灑自在，我很快把這四個字學了起來。後來才知道四個字的不一定都是成語。不過沒關係，關我屁事還是很好用。順境、逆境、潮起潮落；別人稱讚你、詆毀你、恥笑你，用不著氣急敗壞找人開戰，一句關我屁事，就天下太平，沒事。

別管別人了，你看自己如何啊？

別人眼裡的你，一點都不重要。因為那不是真正的你。

就算你天天準時回家，在疑心病重的老婆眼裡，你就是那個準外遇嫌疑人。就算你謙虛認真，碰到了心思複雜的上司，你就是那最狡猾的員工。就算你慈悲慷慨，遇上小氣雞腸子度量的人，你就是偽善虛假。就算你有再高的學歷、再豐富的經歷、再高超的專業技能，面對不打算和人溝通的外星人，你也就只是一團肉而已。

我們在他人眼裡，有千千萬萬種樣子。大部分是幻相，你知道的！你知道你不是花心大蘿蔔、不是愛邀功的人，也並非只是傻傻無腦的一團肉球而已。對著他人眼裡的幻相，傷心難過生氣，不知不覺就會照著他人的劇本演下去，其實沒有必要。你還有別的任務。別忘了！

當你從宇宙中一粒微塵降生到地球上時，可不是喝醉酒莫名其妙摔下來的，也不是和其他天人打賭輸了被踢下來的。回想一下自己的初衷，了解一下自己的天賦，你在做什麼的時候，會讓你忘記時間和空間，甚至忘了自我，專注並充滿快樂滿足的感覺，這就是了。

扮演好自己，最是精彩

畢卡索在馬德里求學期間，覺得老師教的不是他想學的，於是「善用時間」翹課跑去美術館揣摩前輩作品。當時，如果他決定盡力扮演好老師眼中的乖學生我相信他絕對有這能力，或者是扮演好爸爸心目中的乖兒子、老老實實跟美術老師爸爸走同一條路，那西班牙會有一位優秀的美術老師，但全世界將少了一位能開創嶄新現代畫風的卓越藝術家。與其說到全身是嘴、投資時間在不能夠了解自己的人身上，削足適履去符合他人期待，不如，好好耕耘自己、精進不懈，痛快地、卓越地活出真我，實現那獨一無二、最高版本的自己。

52 安然抵達，比安靜更安靜的地方

試想，若你一輩子沒洗過臉，那臉上一定很精彩吧！有外頭的塵土，有自己的老舊角質，或許還有一片汗漬、一把鼻涕、一些眼淚，跟一點點麵包屑。有天你巧遇一位長者，他說，「年輕人，去洗把臉吧！會比較舒服喔。」於是你打了盆水，開始東搓西揉，不洗不知道，一洗還真不得了，什麼油垢、髒污都跑出來，把水弄得很混濁。這時候，你會換盆乾淨的水繼續洗，還是嚇到以為自己本來就是黑的，再也不敢洗臉呢？

嚇死人的好轉反應

疾病痊癒之前，若採取自然的瀉法，什麼髒東西都可能跑出來。「若藥不瞑眩，厥疾弗瘳」服了藥、毒沒排掉、沒出現任何不舒服，那疾病就不可能痊癒，古人這麼說。綠色的嘔吐物、烏紫的瘀血、黃濁的油脂、黑嚕嚕的小石頭，什麼都有可能。第一次做淨化療程，不管是血液的淨化，還是腸胃道的淨化，或是心靈上的淨化，幾乎所有人都會遇到類似的洗臉難題。雖然是在好轉，但這好轉反應有時還真嚇人。

人的智慧之心，正如同長在你身上的這張臉，你天生就擁有它，但你看不見它。直到過來人告訴你，去打盆水洗洗、看看，你這才想起來，原來自己是生成這等清秀模樣。

靜心之初就像洗臉。不靜不知道，一靜下來還真不得了，什麼雜七雜八的念頭都浮出來，想到十年前有人欠你一筆錢沒還、想到昨天被同事取笑又窘又氣、想到該打電話訂餐廳請爸媽吃飯、想到衣櫥得換季、想到要回老闆訊息、想到這個月的報表沒整理、想到喜歡的節目還沒預錄……。人的心念實在太強大了，這麼會想，想這麼多，這一彈指間，三十二億百千念，於是造就了我們自己現在身處的這個世界。本來想著要靜心，卻越靜越煩心，這時，你會生氣地把坐墊扔一邊，還是帶著好奇心，像在收聽廣播一樣，去聽這些念頭都在說些什麼？

第一層靜，手機先放下

我之所以會寫《靜心》這本書，就是因為發現大家 3C 越用越上手、越頻繁，反而變得很怕「無聊」、沒辦法獨處，習慣了同時間忙東忙西，一個時間做十件事情，儘管多工處理的能力越來越強，但專注力卻越來越弱，搞得這麼忙，忙到自己是誰都給忘了，這樣就麻煩了。

所以，心不能不好好修煉。先來做第一層靜。獨自一人，安靜待在一個空間，沒有手機、平板、電視干擾，靜下心來。你首先會聽到各式各樣的內心廣播劇。就讓廣播播它的，不要去回應它，把它當環境噪音就好，大可不必 Call in 進去跟著發表意見。因為你還要去另一個好地方。一個比安靜還更安靜的地方。我稱它為「純粹寂靜之地」。

怎麼去呢？專注地投身進去，直到整個世界縮小成一粒微塵，或將自己放大到無限大、大到無所不包，整個太陽系、整座銀河都在你肚子裡。自我意識消失、自我與周身世界的隔離界限消失這樣。好啦，我向來都廢話太多，換作古人來說，「物我兩忘」四個字就說完了。

要贏，先贏過金魚

那些最擅長靜心的修行者，到達純粹寂靜之地，不用一秒鐘，甚至比光速還快，然後一待就是好幾個小時、好幾天、好幾個月，甚至好幾年，這是達人級的。那我們一般人待多久呢？剛開始要求不用太高，若能專注靜心超過九秒，就贏金魚了，還勝過現在一般人呢！微軟曾在加拿大研究兩千多人的專注力，兩千年測得人的專注時間平均為十二秒，金魚是九秒，三年後再測人居然只剩八秒，比金魚還弱。

不過，這個時間是在「純粹寂靜之地」外頭人的時間，真的進入到寂靜之地，時間感絕對會跟平時很不一樣，或者，連時間感都消失了。專注到忘記時間，不要說九秒，一眨眼九分鐘、九小時都有可能。

純粹的寂靜之地，只有一個，但進入它的方法，卻有千千萬萬個。靜心靜坐數呼吸，是很多人喜歡的方法。而獨自一人朝聖，在山裡面步行個把月，是現在越來越流行的方法。目的地只有一個，但到達的方法不拘，攀岩的時候、編織的時候、創作的時候、做料理的時候、翩翩起舞的時候、和人對弈的時候……，聽雨的時候、踏浪的時候、揚帆啟航的時候、望著窗外放空的時候、被瀑布的水噴濺在自己身上的時候，都有可能是進入純粹寂靜之地的時候。只要，你能克服洗臉洗出滿臉汙垢的窘，努力不懈繼續洗下去，等汙垢全沖乾淨，離純粹的寂靜之地，就不遠了。

最後一周，請用最適合自己的方法，找回原本就屬於自己的寂靜之地。在此獻上我最深的祝福，願你安然抵達。

Chapter 3

進階投資，順應自然節律校對身心

二十四節氣養生法——
人體應天體，大小宇宙實為一體

當西方科學家還在實驗室觀察細胞分裂、研究DNA，試圖解答人類生命極限時，《黃帝內經》早已寫下解答。這本經典中的經典，把不生病好命人分成四種層次，最厲害是「眞人」，其次是「至人」、「聖人」與「賢人」。

◎養生極致，與天地同步：長壽冠軍「眞人」究竟能活多久？非常久！「壽敝天地，無有終時」因爲他們完全掌握天地陰陽的規律，保全精神與眞氣，體同於道，壽命自然也與道同。而眞人的長壽祕訣又是什麼呢？古籍記載他們懂得調節呼吸，吸納宇宙間的精純眞氣。

不一定要靠食物，光呼吸就能吸進能量，眞有可能這麼「神」嗎？有的，類似這樣「氣滿不思食」的「食氣者」，在印度、西藏都有不少。這個氣呢，作爲一種支持生命存在的精微養分，於不同文化脈絡中，有著不同的名字。其中「普拉納」（Prana）是除了「氣」以外，最常被提到的。道家稱食氣為「服氣辟穀」，這是道家大師們修仙的方法。有人服氣服了數十年，達到「九十歲而有童顏」的境界，現在最厲害的醫美療程，都還沒能做到這樣子的程度呢！當然，「看起來不老」只是食氣額外的好處，並非修行主因。那，大師們好好的飯不吃，為何要「辟穀」呢？他們是以這種不食的方式，來達到靜心、淨心的目的。受食氣達人們的啟發，後人雖達不到完全食氣的境界，卻也懂得把「不食肉、不食五穀」當成一種養生法，藉此淨化身心。透過氣，食氣者們就像是在吃Buffet一樣，能無限下載宇宙能量，並與大我做了相當美好的連結。

◎靜心至人，最懂季節養生：長壽亞軍「至人」

「至人」，擁有「和於陰陽，調於四時」的才能。至人也與宇宙自然有良好的互動，雖無法直接下載能量，但懂得觀察寒暑配合冷熱，隨「季」應變，非常能適應四時氣候的變化，因此至人的生命力與常人比起來，也算是異常地柔韌堅強了。

此外，至人還有個「不受世俗干擾」的特色。即便處於鬧市中，仍能「心遠地自偏」，且不受一般人不正常生活的影響。我們現在很多人夏天吃冰、半夜加班、吃不合時令的食物、久臥久坐久站、久久困在一個問題上思慮過度，朋友勸酒時還不免會多喝兩杯，經常在做削弱陽氣的事情。至人就不做這種事！至人偏向順應天地，而非去順應人們不利生的生活型態。他們修煉身心靈，無須離群索居，因爲已將靜的功夫，練得十分到位，能持守自心，有所不爲又毀譽不驚。就算被罵、被嘲笑、不被認同、不被理解，也只是笑笑而已，不隨波逐流、不會爲了迎合誰，而改變自己的作爲，能繼續做自己想做、該做的事情。至人的心靈是完全自由的，我有時候都還很羨慕他們。

◎寡欲少貪，享受極簡：接下來，長壽一族第三名，《黃帝內經》頒給「聖人」。聖人最厲害的是不貪！一切以簡約恬淡爲要務、愉快知足爲前提。不讓身體過分勞損，也不讓心靈受妄念所累，靠著養心護身，也活到了百歲。我觀察西藏長壽老人的特色，跟《黃帝內經》上說的也差不多。福澤深厚的長輩，多半素樸高雅不浮誇、惜物愛物不浪費。第一不與人爭，第二不輕易生氣，第三看起來總是安靜省話。覺得眞人、至人境界太高不容易效仿？那來當聖人也不錯，簡單過生活、少生點氣、減少精力無謂耗損，一般人或多或少都能做到。

◎順天不逆天，活好活滿：最後一種長壽者「賢人」，類似欽天監、天文學家這樣的角色。他們「掌天文、氣象、曆法、推步諸事，占候日月星辰之變與風雲氣色之異」指引人們根據四時、節氣、氣候的推移，來安排生活作息。

我所認識的藏醫至少都是「賢人」等級。在西藏，要當醫生除了醫術醫理，還要能觀天象。我覺得藏醫藥學很高明的一點即是很早就察覺天體與人體間存在著微妙的聯繫、把人體視爲一個小宇宙，能理解生命能量赤巴（藏文 Tripa）運行於人體中的日脈，會受外在的太陽影響，而生命能量培根（藏文 Bekan）運行於月脈中，受月亮影響，隆能量（藏文 Lung）運行的中脈受羅喉星影響（也有人認爲是受彗星影響）。

藏醫藥學中很重要的一部經典《時輪攝略經》，把人體與天體的奧祕與對應，解釋得很清楚。比方說，人的四肢十二大關節對應黃道十二宮、對應一年十二個月。每一關節中的三十條脈絡，又對應一個月三十天。《時輪經》主要分「內時輪」、「外時輪」、「別時輪」三部分。外時輪講天文、星象這些與宇宙結構和曆法相關的知識，內時輪講述人類生理、病理病因，藏醫理論很多都是從這邊來的。而別時輪教大家如何將內時輪與外時輪作一個結合，自然界的大宇宙與人體的小宇宙如何做一個結合。類似中國哲學裡「天人合一」、「天人相應」的概念。

與西方醫學不同，東方「人身小天地，天地大人身」的思維方式，體現在養生上，無論道家、中醫、藏醫都主張人最好能向天地學習。養生達人們發現，人體若能像天體那樣運行不息，生生不息，則自然生命力旺盛、百病不生。順天不逆天，能活起來更舒服自在，食氣的眞人、和於陰陽的至人、寡欲的聖人，以及能觀天的賢人，都是諳熟此道的「不生病好命人」。

◎恢復與自然連結‧‧探究古早時候不生病好命人的日常，我認爲現代人比較吃虧的一環，便是失去了與大自然的緊密聯繫。也許是從陽光、空氣、水與土地中獲得滋養的能力變弱了，才使得現在人動不動就過敏、一天到晚這裡失調、那裡不順，不好治的「怪病」越來越多。我上本書建議大家接地氣、觀水修心，爲得就是借力使力，藉由完美的自然，校對人體失序的紊亂頻率。本書接下來的部分，繼續這樣的嘗試，這次加入時間元素，從時間生物學的角度切入，結合漢地的子午流注，以大家較爲熟悉與理解的二十四節氣爲架構，每半個月做一次養生法異動的提醒。

本書第二章五十二篇屬於靜心的修煉技巧，每周學一點，像是存錢一樣，將健康資本逐漸累積起來。若有餘裕，請翻看接下來的第三章，每半個月看一篇，類似進階投資，透過恢復與自然的連結，重拾下載宇宙能量的能力，茁壯身心靈的健康之樹。

01 立春　迎吉祥，新年轉運十心法

◆每年二月三／四／五日

宇宙本身即是一個很大的旋轉系統，裡頭除了極少數沒有在軌道上的彗星會到處亂噴之外，包括太陽、地球、月球……大家都不停在轉。相應天上自轉、公轉、旋轉……各種轉，地上也有一群人特別能轉，那就是最愛轉山轉水轉佛塔的西藏人。你去藏地旅遊，一定會看到藏族老人家在轉經輪，或是拿個小經輪在手上一邊轉，一邊又繞著佛寺轉幾圈。轉經輪的意思就是念經，轉一圈等於念一遍，藉此祈願天下太平、人人幸福安康。

身為藏族的我，感到很幸運，因為藏人似乎天生就很會「轉」，另一方面，也由於佛學善慧思想深植人心的緣故，因此藏人不太會有什麼過不去的事，跟人過不去、跟自己過不去，都比較不會。比方說看著山，就知道山不會轉本來就是如此，想要移山只是讓自己很累，山不轉路轉、路不轉人轉，人自己繞過去不就得了，沒什麼好糾結的。

我深信，轉心轉念，運就轉。這世上沒有天生的倒楣人，就算有，衰事一直來一直來，學會輕巧轉身、轉禍為福，什麼都能化解。

種下善的種子

「好的開始是成功的一半」，有好的開始很重要。迎接一年當中第一個節氣「立春」的到來，我們應當慎始迎吉祥。不管以前發生什麼、過得如何，從今天開始，心裡只想著好事情，那麼接下來的一切，都會是好好的。以下提供十個轉念心法。看一看、想一想，將善的種子在心裡種下。

◎**遭人嫉妒時別著急生氣：**要知道自己是很有福氣的人，肯定是享受到了種種別人沒有的好處，所以才會讓人眼紅、遭人嫉妒。無須爭辯解釋，感謝自己所擁有的一切，然後再更低調一點就好。

◎**他人之惡，不上我心：**人會犯錯、會有不厚道的時候，只因人人靈性成長的程度，皆有不同。有人是博士生、大學生，然而有人只有幼稚園程度。遇到三歲小孩、五歲的狗，誰又會認真與他們計較呢?他人所犯下的惡，與你無關，你的心是聖地，你只讓好東西進來。

◎**苦樂全收，盡情體驗**：與其追求只有快樂的人生，不如活得豐盛!有冷有熱、有喜有悲、有起有落、有盈有虧，這樣劇本才精彩。若所有角色都一帆風順、沒經歷過半點風霜半點無奈，這樣的電影，誰還看啊?票房肯定很差。苦與樂，都值得好好體驗，才不枉在這人世間走一遭。

◎**寡欲清心，天天開心**：去清點、感謝自己擁有什麼，是快樂的。相較於寡欲，貪多則時時受欲望控制，去計較、比較自己沒有什麼，是難過、焦慮的。可能忿忿不平、自覺被虧待，或落入瞎忙的窘境。人啊!還是活得自在優雅一些才好。

◎**心如工畫師，能畫諸世間**：人人都有心想事成的「特異功能」。關注富足，富足就會來到。把「我沒有什麼。」、「我最討厭什麼。」換成「我想要什麼。」、「我喜歡什麼。」。否定句換成肯定句，請常常這樣想。

◎**人說你壞話，如同幫你念經**：遭人毀謗，心中難免不舒服，會想要澄清。但若澄清時遇上了癡愚瘋癲之人，縱使你說到全身是嘴，也是白搭，他根本聽不懂。還是交由宇宙最高智慧來決斷吧!被黑了，你仍大度，日後福氣終會加倍返還。

◎**世上沒有敵人這種人**：二元對立是幻相，無二無別，人我實為一體才是真的。「我絕對是對的，你肯定是錯的」，這是幻覺。爭論對錯引起戰爭，戰爭一旦開打，所有人都是輸家。唯有寬容理解，真正天下無敵！

◎**放下恨意，不為別人為自己：**西藏有個觀念是這樣，即便過錯是別人的，但業障肯定是自己的。遇到一些不妙的處境，安忍度過為上策。氣誰、恨誰、惱誰、不願意原諒誰，那個誰說不定還在逍遙呢！結果痛苦的是自己、抑鬱生病的是自己，這樣超不划算的。

◎**戒無知，避免好心做錯事：**善意要有智慧同行，否則容易好心做錯事，不如不要做。願意予人關懷是高貴的情操，但要進入對方的生命情境裡，才做關懷這個動作。不能太自以為是，你以為的藥，可能是他人的毒。

◎**能解決事情的方法，永遠不只一種：**這世界上沒有真正的困境，真正被困住的，是自己的心。找不到方法時，與其汲汲營營向外探詢、求神問卜，不如靜心、向自我內心深處找尋，每個人出廠時皆已內建全知觀點的智慧導航。能靜，答案自在我心。

小常識

為什麼「立春」這個節氣會在二月三或四或五日，沒有固定？

是因為國曆一年訂為三百六十五天，但事實上地球繞太陽公轉一圈得花三百六十五天又五小時四十八分四十六秒，這個規律周期稱為「回歸年」。國曆為修正這每年多出來的五個多小時，於是累積四年就會多出二月二十九日這一天，這第四年就稱為閏年，這多出這一天的二月，就稱為閏月。正因為有閏年閏月，且節氣每年都往後頭推遲幾小時的緣故，所以不只是立春，所有節氣年年在國曆上起始的時間點都略有差異。

02 雨水　養肝少怒，做他人及時雨

◆每年二月十八／十九／二十日

時序進入到春天的第二個節氣「雨水」。相較於隱沒、閉藏的冬天，春天帶有揚升、覺醒、萌芽的意味。因此想要養成什麼好習慣，在春天來進行是相對容易一些的。你可以觀想種子發芽，想像嫩芽突破拘束，衝破種皮如同從睡夢中清醒，伸了一個懶腰的感覺。抱著相同的心情，在各種外在條件逐一到位之際，我們也可以開始準備小試身手了。做什麼都可以，就是不要去阻擋自己各方面的成長。

天氣方面，這時候北方冷空氣與南方暖空氣還在拉鋸、互別苗頭。面對乍暖還寒之春，該如何應對？怎樣吃穿？請你跟我這樣做。

◎**「雨水」前後，最重保暖**：這暖要怎麼保？可不是像冬天時把自己從頭到腳裹得嚴嚴實實，春捂秋凍養生術，重點在於春天要捂的是下半身！抵擋冬季結束地表卻還沒散盡的寒氣。平常手腳容易冰冷的人，外出少穿拖鞋、涼鞋。下半身保暖確實，上半身倒是可以比冬天穿得再稍微涼快、通風一些，甚至短袖加背心都可以。

厚襪子暫時別收，晚上睡覺時還用得上。若穿襪子睡覺，盡量以棉、毛天然材質為主，不要勒太緊，以免影響循環，越睡越累。最重要是自己能感覺到舒服溫暖，而不是束縛感。入睡時腳暖，還比較容易睡得著、睡得深，這是額外的好處。

◎**春辛蔬，韭菜洋蔥齊上桌**：第一吃洋蔥。洋蔥是平衡血壓、血糖、血脂的天然聖品，在預防癌症，尤其胃癌上，更是有好口碑。而它的槲皮素（Quercetin）抗氧化、抗發炎、抗過敏的能力相當出色。你可以煮咖哩時放洋蔥，既提升風味又能健全免疫力。食材搭配得宜，便可發揮一加一大於二的協同作用。

第二食韭。「夜雨剪春韭」暖身韭菜，對身體循環有益，護肝、排毒、舒緩情緒緊繃全靠它，配豆芽尤其好。然而食韭要趁早，到了夏天，就不是人人的體質都適合吃韭菜了。

◎**口味換季，告別濃厚系食物**：因應季節變化，冬天的飲食習慣要逐漸轉換。從現在開始，難消化的要少一點、口味濃重的少一點、油脂豐富的少一點、乳製品也少一點。人的身心在做大展身手的暖身準備，別讓濃厚系食物在此時拖累你。

春雨綿綿，若感到身重不適，全身像包裹了一床厚棉被一樣，那就需要幫身體「除溼」一下囉！請檢查自己是否冰涼飲料天天灌，或是高油脂高糖份的點心、零食吃太多，這些都會阻礙身體排濕，最好稍微控制一下。

◎**心情上，養肝少怒**：給自己和別人多一點空間、多一些寬容。春天是向上萌發的季節，不是閉塞的時候，適合多嘗試多發展。試驗、實驗，就是在發現錯誤，除錯越多，離成功越近。遇錯，排除即可，用不著生別人的氣，或生自己的氣。

在揚發的春季，忌火爆生氣、大動肝火。宜多接近青山綠水、多多走動，將怒火、鬱悶瀉一瀉。到空氣好的地方，吐舊納新，享受一下深呼吸的舒暢感。

◎**性靈上，作他人及時雨**：春雨連綿，潤物細無聲。好的「及時雨」，自然而然提供滋養，不求回報、不問付出與結果。如雨一般滋潤萬物萬人，貴在「無聲」、「連綿」，默默地持續性地利他。

利他若帶有目的性，苦得卻是自己。巴巴等著人家回報、等著人家表達感激。等得到還好，等不到就容易心生怨懟，覺得人家忘恩負義，煩惱徒增。像雨一樣，自然而然落下，落完沒牽掛。這樣就很好。

03 驚蟄 覺醒日，無畏種下心願

◆每年三月五／六／七日

農業時代，驚蟄是種春雷乍響、農耕起始的節奏，提醒還沒播種的要趕快囉！才好及時搭上後頭的雨。在現代，我認為驚蟄前後，有種潛龍抬頭的勢，搭上這勢，等於坐上順風火箭，如果做得又是對大部分人都有益的事，那更會有種觸處生春、因緣俱足的順暢感。想要許下能夠實現的願望，就趁現在！

春雷是天的號角。就像賽車場、運動場上旗子一揮、哨音一響，宣布可以開始衝了。怎樣衝呢？在一個身心靈平衡、五臟平和的狀態下去衝，是最理想的。保身心靈平和，你可以這樣做。

◎改善春困，髮常梳面常搓：出現春困、乏力倦怠的狀況，宜適量飲用熱茶、熱咖啡提振精神，注意咖啡因攝取每日不超過四百毫克（約濾掛式咖啡兩百毫升三杯以內）。再加上拍面搓面，揉耳捏耳，梳梳頭，以及按壓刺激「太陽」（圖25）、「風池」（圖26）兩穴。令頭部血液循環變好，人就不會那麼愛睏。

我經常透過梳頭來改善顱內供氧狀況。缺乏靈感嗎？開會前梳梳，創意馬上來。記憶力差？忘東忘西好困擾？先梳再說。梳頭自古以來就是很受歡迎的養生法，不過現代人反而梳得少了，只有頭髮亂的時候才梳，男生頭髮短，甚至都不梳了，這樣就很可惜。「五臟之血、六腑之

圖 25

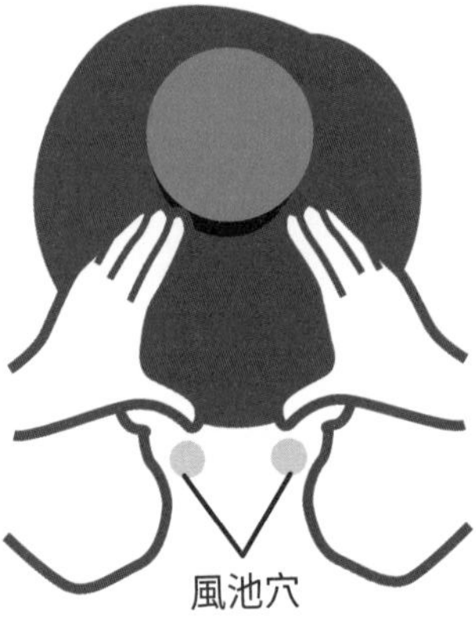

圖 26

氣皆上注於頭」頭上的穴位有上百個，最重要的長壽保健第一要穴「百會」（圖27），也在頭上。經常梳梳頭，不僅消除疲勞，頭痛時，梳好梳滿，緩解效果不輸止痛藥。

◎鬱悶不安時，請觀想樹木：前面教過光的觀想與水的觀想，這是全年都適合做的。而在春天驚蟄日，不只蟲子們蠢蠢欲動，連人心，也會跟著浮動起來。這時候，正需要一個強而有力的觀想物，來幫助靜心。我認為大樹、老樹，就非常好。每個細節都可以多加利用。

觀想嫩葉「翠綠」、「萌發」、「充滿生氣」，觀想果實「飽滿」、「豐盛」、「能利益其他生命」，觀想樹幹「挺拔」、「強壯」、「正直」，觀想樹根「沉穩」、「根基穩固」、「堅實支撐」。想像自己像一棵大樹，穩穩紮根在地球上，從土壤中吸收無窮盡的養分，供應自身每個細胞，又長出豐盛果實，無私餵養萬千生命。五分鐘樹的觀想，對於恢復自律神經平衡與情緒調節都十分有幫助。

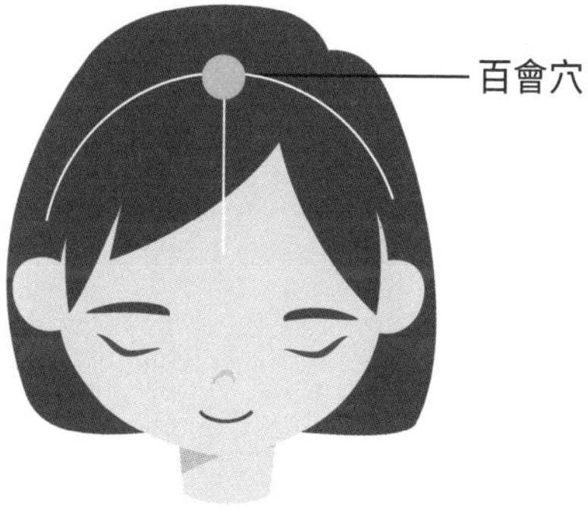

圖27

◎**龍抬頭，開筆寫字喚靈性醒覺：**龍抬頭日（農曆二月二日）一般在驚蟄前後，比方說二〇一九年的龍抬頭，就在驚蟄後兩日。古人於龍抬頭時「開筆寫字」寓意眼明心明。現今一樣適用。練筆寫字，一方面能靜心淨心，一方面享受美好的手寫時光，也稱得上是相當風雅的一件事。尤其現代人電腦打得多，工作做得多，一次開好幾個視窗，心變得很浮且容易急躁。於龍抬頭日，正好透過書寫，讓自己慢下來。

有些人常抄經、有些人偏好寫格言金句、有些人喜歡練英文花體字，用鋼筆、毛筆、鉛筆、隨手拿一枝筆……我覺得都很好，寫就對了！請按照自己喜歡的方式去做。引龍伏蟲，提筆書寫，引出心中的龍，制伏躁動不安的蟲。

◎**把握時機，種下心願樹：**驚蟄是種下心願樹的好時機。比方說考張證照、學新語言、開創新事業、開始跟鄰居打招呼、去一個沒去過的地方旅行……任何新嘗試都很棒。願望也可以跟健康有關，決心戒菸、拚酒改品酒、早點上床睡覺、減肥練肌力。

還有些心願是對自己和大家都好的，像是「逐漸轉為以植物性食物為主的飲食法」、「去原諒一個人」、「將利他內化到日常中，越做越自然」。或者也可以很單純決定開始「過減塑生活」、「穿棉麻絲天然纖維」、「寡欲少貪，身邊只留下有用的物品」。有什麼好的想法，儘管放膽想、著手做，這時候許願，天地都會幫你，令好的心願從此時此刻開始萌芽。

04 春分 晝夜等長，做剛剛好的事

◆每年三月十九／二十／二十一／二十二日

春分是剛剛好的一天，白天跟黑夜的時間剛好一樣長。這天，讓我們效法天地，來做一些剛剛好的事吧！

◎壓力剛剛好：壓力爆表使人時時處於備戰狀態，對人有傷。然而懶倦疲軟、零壓力狀態，逐漸鈍化身體各項機能，長久下來，也不見得是什麼好事。壓力過大會傷身，這個大家很容易理解，但為什麼壓力全無也很傷呢？因為身心都處於一種過於放鬆的狀態，應變能力久不用，就越來越差，一個小小的狀況出現，對於平常習慣全無壓力的人來說，就會變成天大的事情，反而令人更焦慮、更不安。而身體放太鬆、缺乏鍛鍊，體力會越來越差，稍稍走一點路、稍微整理一下家裡，就會覺得累。

一鬆一緊，時拿時放、收放自如的平衡狀態，才是對身心靈健康最好的。

◎**勞逸剛剛好**：有人動腦太多、思慮太過，白髮早生。又有人四處奔走、日夜操勞，經常體力透支，看上去一樣比同年齡層的都還老。養生方法因人而異、因工作型態而異。用腦多的閒暇時就要多舒展筋骨。勞力出比較多的，工作結束後不妨做些靜態放鬆，假日多做些令大腦開心、激盪腦力的事。

◎**疏泄剛剛好**：春天屬於揚發的季節，適合運動、早起，盡情做自己喜歡的事。帶著愉快感恩的心情吃東西，偶爾不小心多吃一些也無妨，因為這時節消化、代謝機能都是比較順暢的，只要記得去走路，多餘的熱量很快就能消耗掉。要注意的是，此時鬱悶、怒氣的壓抑會比較傷，宜轉念消怨氣，保身心康健平安。本來就急躁、脾氣不好的人，尤其要加強靜心的修煉，預防氣血上逆，才能逢凶化吉。

◎**靜心剛剛好**：什麼叫做剛剛好？剛剛好就是不做畫蛇添足的事情，不讓自己的一顆心，七上八下，白白耗費精力。不癡心妄想，也不操多餘的心。不隨便傷心，也不得意忘形地開心。不貪心，也不起瞋恨心、嫉妒心，收好放逸的一顆心。將注意力收攏回來，好好過生活。

莊子曾形容「天地有大美而不言」，大自然沉靜而美好，只有人很難靜下來，買了新衣服、穿上新鞋子、提著限量包包，就巴巴地等著人稱讚，這樣很浪費精力啊！還不如一朵花。春天到了，滿園子花朵為誰開？不為誰，純粹自己開爽的！管它有沒有人看、能不能遇到知音，都不管，該開就開、該怎樣漂亮就怎樣漂亮。春天的花就是如此率性又帥氣！人能做到這樣，那還會有什麼多餘的煩惱嗎？通通不會有了。限量包不是不能買、新鞋子不是不能穿，用靜心的方式來買、來穿，就不怕為自己平白添了許多麻煩。

◎利他剛剛好：愛心善心人皆有之，差別在於，利他的手法夠不夠「細緻」、夠不夠「高明」。怎樣叫做細緻、高明呢？利得無聲無息、自然不張揚，利得讓人覺得無負擔沒壓力，又這麼巧，剛剛好派上用場。最重要的是，站在他人的生命情境裡去利他，予人真正需要的，一筆錢、一張桌子、一句智慧的話語、一個甜美的笑容、一份無畏的勇氣等等，需要什麼給什麼，而且還不期待回報，才算是成功的利他。

有一種餓，叫阿嬤怕你餓。我看到網路上的影片，給阿嬤養的柴犬、烏龜都變得很胖，覺得阿嬤真的很可愛。阿嬤疼愛孫子，拚命餵拚命餵，把孫子養得肥胖臃腫，雖出自好心，但就不能算是成功的利他。又或者朋友有事情想不明白，你熱心提供一堆「用不上」的建議，雖出於善意，卻使人煩惱徒增，這也是不成功的利他。還有一種原意是要幫助弱者，卻幫忙太過，使得弱者更弱，失去了學習成長的機會，利他變毀他，更慘。

剛剛好的利他，份量剛剛好、聲量剛剛好、時機剛剛好。在日夜各半、陰陽調和的現在，讓我們效法天地學著做一個剛剛好的好人。像春天一樣，予人不烈不燥、剛剛好的溫暖。

05 清明　水火溫柔相會，等待彩虹

◆每年四月四／五／六日

清明，是二十四節氣中唯一一個肯定會放假的節氣，而且一放還好多天，剛好讓大家有時間到郊山走走，感受一下什麼叫做「吹面不寒楊柳風」。老關在屋子裡，恐怕就不知道外面的天，都變成怎樣了。清明時節，空氣中的清朗，與心裡面的清明，無別無二。擁抱自然，清淡明智，能下一場雨更好，雜念通通被洗掉。

連假有幾件重要的事情要做。一一來說。

◎憶念死亡，回想初衷：清明掃墓，不光是去掃那個墓而已，在這個氣清景明、萬物皆顯、家族成員相聚的特別日子裡，不妨關心一下彼此是否神智清明、神態清明，過得還可以，好讓天上的長輩放心。

另一方面，藉由拜拜、掃墓的機會，來練習「憶念死亡」。死亡在漢地經常被當成是禁忌話題，在藏地卻是很重要的修心主題。不知死，生命的意義就很難被凸顯出來。不如利用這次清明，來做一次修心的練習，去思考這個問題：「你希望死後如何被人懷念？」

不知從何思考起？別擔心，這個問題也是有很多範例的。像是有人的墓誌銘是這麼寫的，「睡在這裡的是一位熱愛自然和真理的人」，也有人被評價「他總是以他自己的一顆人類的善心，對待所有的人」。而數學家魯道夫・范・科伊倫（Ludolph van Ceulen）窮極一生都在算圓周率，他的墓碑上刻有他好不容易才算出來的數字「π＝3.14159 26535 89793 23846 26433 83279 50288」算到小數點後三十五位數，我超佩服他的！

看完了別人的，想想自己的。蓋棺論定後，你希望你在史書上，被記上一筆時，用的形容詞是什麼？「驍勇善戰」、「暗室不欺」、「大公無私」、「樂善好施」，應該沒有人希望被寫上「渾渾噩噩」、「卑鄙無恥」、「一事無成」吧！好好思考這個問題，有助於釐清初衷，重新修正自己，將時間、精力，投資在真正重要的事情上面。

◎春遊踏青，舒筋護眼：放連假不是給大家宅在家瘋狂追劇、上網用的，這些不是平常就做很多了嗎？春天是最適合舒展的季節。眼睛、筋骨，都不能憋著。

視覺要舒展。最好是一大片的綠，遠山近草交互欣賞，維持眼部健康。大家都知道打桌球的小孩，不容易得近視眼，正因為他們經常在做改變焦距的練習，看著一顆小球跳來跳去，兩眼各六條眼外肌，以及控制水晶體厚薄的睫狀肌都有充分運動到，自然能預防近視。天氣好時去郊外賞景，這看看、那瞧瞧，也是一樣的意思。如果真沒空，伏案工作每半小時、一小時，請抬頭望向六公尺以外的景物，幾秒鐘就可以，調節眼部肌肉，避免眼過勞。

筋骨要舒展，春暖花開，到山上去做各種伸展操是最好的了。俗話說「筋長一寸，延壽十年」，做各種伸展的時候，宜觀想春天的花草樹木生氣勃發、生機盎然的模樣。此外，情志更要舒展，沒有什麼比春日鬱悶還傷身的了。請好好享受假期，找些能舒展放鬆的事情來做。

◎**等待彩虹，拒絕二元對立**：彩虹出現在雨後的晴空中，象徵陰的雨之水與屬陽的日之火溫柔相會。這樣的和諧，在清明時節特別有機會出現。陰陽不相對、相容為一個完整的整體，具體表現出來，就是美麗的彩虹。

我們身邊也有如水似火，水火不容的人事物。所幸人心是有選擇的。選擇水火不容、煩人的對立與衝突是一種選擇。或者另一個選擇，是像陰陽相合的彩虹一樣。我寧可選擇後者，讓自己時時刻刻擁有彩虹般的好心情。

06

穀雨　品茗惜春，風雅嘗幸福茶

◆每年四月十九／二十／二十一日

時間來到春天最後一個節氣「穀雨」，春季至此只剩下半個月。想用什麼留住春天，不如就藉著茶香，把清新、鮮爽的感覺，留在心上。

穀雨前後出產的茶名為「雨前茶」、「穀雨茶」，曾是上貢朝廷的寶貝。經過秋冬兩季休養，春天的茶樹特別有元氣，香氣特別足、沁人心脾，有的還帶著花果香。在我家鄉，茶跟人一樣，越老越可貴，大家喝茶偏好老熟茶，陳年的普洱茶、陳年的藏茶，都比較深沉、馥郁、帶著時間的厚度。來臺灣第一次喝到臺灣茶，是新茶，入口一股活潑清甜的滋味，充滿整個口腔鼻腔，很是驚艷，喝著喝著，不知不覺心情也跟著輕盈起來，這才知道原來茶不一定非喝老的，年輕也有年輕的好。

不管是老的還是新的，很少有什麼，像茶一樣，能同時全方位照顧好身心靈。在這個雨生百穀的時節裡，養生不用搞得太複雜，一心只想著品新茶、品好茶便可。既風雅，又利生。傳說中，為人嘗遍百草的神農大帝，日遇七十二毒，單靠一杯茶，也就給化解了。茶，亦食亦藥，有毒解毒、沒毒強身。這陣子，沒事，就去找茶來喝吧！有事，也可以泡著茶邊喝邊聊，提神醒腦，做起事來更有效率。至於具體上喝茶究竟有什麼好處，令我如此推崇，不妨來了解一下。

◎**喝茶對身體有什麼好**：第一，春睏時喝茶，醒腦宜神。熱熱喝上幾杯，腦袋馬上變靈光。相較於冰飲使人體溫降低、免疫力跟著下降，剛泡好的春茶，才是真正的養生好幫手。冰冷往往與緊繃、緊縮相關，而溫暖聯繫的則是放鬆、舒展。體內濕重的人，尤其適合改改習慣，原本愛喝冰的、甜的手搖茶，少喝一些，跟茶農買茶葉自己來泡，身體會舒服許多，還有味覺也會變得比較靈敏，這是額外的好處。

其次，喝春茶，一半兒啜飲著清香，一半兒享受著兒茶素天然抗氧化劑所帶來的好處，不疾不徐、讓人慢慢老。關於春茶，在日本有個「八十八夜」的傳說，是這樣說的：從立春起算第八十八天，喝下這天所採的茶，雖不到長生不老的地步，但至少能求得個長壽。看日本人能活到這麼長歲數，大概八十八夜茶都喝了不少吧！另一個是中國的傳說，有人認為喝了穀雨茶，不但避邪、明目，還能輕身不老。喝吧喝吧！索性就信他一回，反正沒有壞處。

◎喝茶對心靈有什麼好：

(1) **有利於靜心、增加抗壓能力的茶氨酸，喝綠茶就能攝取到。**茶氨酸能帶給人一種放鬆、平靜的感覺，令焦慮、憂鬱如一縷茶煙，悠然消散。你看那茶人，不都經常一副老神在在的模樣？他們之所以能這樣平和、穩定，我認為其中茶氨酸功勞不小。

(2) **跟茶談戀愛，幸福茶越喝越開心，還不怕上癮。**有研究指出，負責傳遞快樂、雀躍、戀愛感覺的神經傳導物質多巴胺（Dopamine），於喝茶後能顯著增加。關於多巴胺，我對它是又愛又恨，若能駕馭它，你會開心，但若被它所駕馭，你會上癮！舉凡賭博、吸毒、瘋狂購物、掛網等成癮行為，都刺激多巴胺分泌。但很顯然的，喝茶是最優雅、最安全的一種。你應該不曾聽過有誰為了戒掉茶飲，而尋求專業協助的吧！

(3) **快生活裡慢喝茶。**在什麼都講究效率多一點、快一點，動不動就是「馬上」、「現在」、「立刻」就要的時候，真的搞得人很緊張。有什麼能讓人放慢腳步、冷靜一點的，那肯定不能放過它，要善加利用。

我曾在坪林一個茶農家喝茶，明明是賣茶葉的，卻不急著讓你掏錢。優雅地煮水，俐落地倒出茶葉，還不是馬上放進碗裡泡喔，先請你欣賞茶的外觀，摸一摸、聞一聞，才泡，泡了也沒讓你馬上喝，聞香……前前後後換了好幾種茶葉，我還以為是在上茶藝課，幾乎都忘了是要來買茶的。最後，因為很難決定哪種最好喝，索性每種都買了些，反正是好東西嘛，自己喝以外還可以送人。茶農賣得越慢，我買得越多，而且還買得很開心。

事事求快，若心不能靜，經常會一事無成，這叫瞎忙。不疾不徐把事情做到最好、最周到、最細緻、最圓滿，就是藝術了。泡茶、喝茶、分享茶，茶是老師，他能引你進入藝術的殿堂。

綜觀喝茶益處，延緩衰老、強化免疫、令人愉悅放鬆，這聽起來是不是與靜坐的優點很像呢？想要靜心，不一定只能靠靜坐，喝好茶也可以！這陣子的靜心好物，就決定是茶了！

07 立夏 長健康長智慧，安居養心

◆每年五月五／六／七日

為健康打基礎永遠不嫌早。天文時間趕在生物感知之前，宣布夏天已來到。天還下著雨，你或許還覺得身上有點涼，怎麼就進入夏季了呢？覺察力敏銳的人可能已經發現，吹在臉上的風，溫度不一樣了，而天亮的時間，也越來越早。提前掌握夏季的養生節奏，也好及早做準備。

這一季的關鍵字是生長的「長」。長什麼呢？小孩子「長大」、成年人「長健康」，不分男女老幼，大家一起來「長智慧」！長壽性格的養成，即是懂得採取智慧的方法，來利益生命。請你跟我一起這樣做。

◎**養心安居，午時快充**：外在的濕熱，內在的勞煩，都讓靜心養心成為一種必要。白天越來越長，整日在外奔波，晚上卻不見得比較好睡？很多人會出現這樣的感覺。這是因為日照時間變長了，生理時鐘卻還未跟上。因季節轉換的失眠、淺眠，無須懊惱，越是逼自己要睡，反而徒增壓力，更難入眠。

晚上沒睡好不必擔心。天地若「害你」不好睡，天地也自然有「補償」你的機制。像現在買手機，不是都強調快充功能嗎？充電半小時，即充滿一半電力。人在夏天的午時，上午十一點到下午一點這兩小時之間，也能享受到這樣「快充」的好處。若條件許可，不妨小憩、午休片刻，時間以十五分鐘至一個小時最為理想，至長請勿超過九十分鐘。否則恐怕越睡越累，或白天睡太多、晚上又睡不著，惡性循環。

若沒地方好好睡上一覺，無妨，退而求其次，在這兩個小時裡，應避免情緒太過激昂亢奮，罵人、大悲大喜尤其忌諱。暫時排開比較「燒腦」的工作項目，稍稍閉目養神靜坐靜心，做幾次緩慢深層的深呼吸。觀察生物鐘，學者發現下午兩點開始到四、五點，這段時間一般人的警覺、協調、反應最好。建議將複雜度高的重要工作安排在這時候處理。

◎**沐浴陽光，儲備骨本**：夏天是最佳的「長」骨本季節。上午十一點前、下午三點後，有太陽光的時候，最好能外出做日光浴，散步一會兒，再把背部晒得暖暖的。夏天晒太陽得到的維生素D，還能儲存在脂肪中，以便應付日照不足的冬季。

維持維生素D的水平不只對骨骼有益，也間接健全了人體新陳代謝的機制。長健康預防早衰，晚上睡得甜、白天心情好，日光浴必然不可少。夏天向來被認為是利於細胞再生與修復的黃金季節，當然，前提是你有接觸陽光。而晒太陽也要遵循剛剛好的養生原則，不能晒太超過。怎樣叫超過？晒到皮膚發紅、有點痛，甚至是脫皮，那就太超過了。

◎戒冰戒貪涼，衣濕勿自乾：我常說戒律不是來虐待人的，而是來保護人的。夏日最重要的護身心法，就是「戒貪涼」。冰飲少喝這是自然，還有晚上睡覺冷氣不要開太強，或是衝著電扇直吹。

我有個老朋友常喊頭痛，查了半天才找出原因，原來是他很懶得用吹風機。夏天雖然熱，但頭髮還是要確實吹乾喔！請用吹風機，電扇吹乾的不算。外出運動也要記得帶毛巾擦乾汗水，初夏的風，說涼不涼，說熱又不夠熱，一不小心就容易感冒。

◎雨季不愁，掌握開心法門：夏天有時雨一下就是好幾天，氣壓低、濕度高，容易讓人心生煩悶。建議室內利用除濕機來調節濕度，外頭夠乾爽，內在精神才會爽朗。對人類來說，理想的相對濕度為百分之五十左右。夏季關鍵字是「長」，不只你會長，細菌、黴菌、塵蟎也都很會長。好在不同物種，大家喜歡的生長濕度都不一樣，人啊，最嬌貴，受不了太乾，也忍不了太濕，剛剛好百分之五十，對呼吸系統和過敏體質都好。

濕度調好了，如有餘力，還可搭配一些明亮柔和色系的居家布置，提高視覺亮度。或是穿淺色衣服，讓自己和別人都賞心悅目。此外，插花、擺些令人心情愉快的室內盆栽，如虎尾蘭、吊蘭，都是不錯的選擇。

08 小滿　靡草死，除心靈的雜草

◆每年五月二十／二十一／二十二日

立夏的時候，還沒什麼「夏」的感覺。到了「小滿」，相信不少人已經開始整理衣櫃，翻幾件輕薄透氣的夏衣來穿。小滿這個節氣的物候，其中一項是「靡草死」。意思是一些細軟、喜陰喜濕的雜草，在太陽光下枯死，而沒有雜草分散養分，農作物能長得更壯碩。

◎**雜亂掰掰，辨認出雜草與幼苗**：現在溫度一天比一天熱，臨時要出門找不到車鑰匙、皮夾，那真的很令人崩潰。一急一熱，火氣上來，心就跟著受累。

趁陽氣漸旺，幫衣櫥換季的同時，也順便整理一下環境吧！先分辨什麼是不需要的「雜草」，什麼是該留下的「農作物」。把用不到的東西清一清，還能用的送人，不能用的回收。

至於那些自己喜歡、有紀念價值，但有缺損的物件，比方說蓋子不見的杯子，看看能不能改作其他用途，拿來收納小東西或變成植栽盆器什麼的。如果成功想到新用途，它就從垃圾變成你心靈花園的「肥料」，化無用為有用是很厲害的轉化技巧，不用丟掉心愛之物，平時擺著看了也高興。

除掉生活環境中的無用之物（雜草），讓喜愛或常用的物品（農作物）重見天日，看看哪裡用得上改造之物（肥料）。小滿時節來做換季、分類、大掃除與重新布置，一方面馴化雜亂不安的心，一方面也讓平常修煉靜心的環境更加理想，有益於靈性揚升。

◎曝晒妄念，讓它像冰塊一樣融化：不需要的情緒、不需要的留戀與後悔自責、莫名其妙的期待……不知從哪冒出來妄念與雜念，趁這幾天，就跟除雜草一樣，也讓它們也一併消失不見吧！好消息是，物品你還得要花力氣去搬、去挪動、請環保局來收。無形的妄念，雖然又多又亂，卻很好處理。你抬頭看看外頭的大太陽，觀想這些妄念像冰塊一樣，在豔陽下一顆一顆融化。它們很快就會消失。

擺脫那陰暗的、負面的、沉重的、拖垮人的、令你心煩意亂的。如此一來，美好的人事物、經得起考驗的人事物，自然而然更容易顯現出來，如同那朝向陽光的可愛向日葵，如同那長得更好的農作物一樣。

◎小得盈滿，福氣慢慢享受：心情美麗，便日日是好日。一年三百六十五天，天天都有值得欣賞的地方。我最欣賞「小滿」的「小」。有點謙虛、有點含蓄，但又很正面。東方哲學家向來看小不看大，若按照物極必反的陰陽概念來說，「量變」變到最後，就會產生「質變」，到達最頂峰之後，接著就開始走下坡。如同我常叨唸的養生原則「太過與不及都不好」，能維持剛剛好最好。比方說吃飯，吃到大滿、全滿、太滿，很撐、身體要代謝很累。不若小滿，吃六、七分滿，肚子留有餘地，消化系統才有運作的空間。

好運、福氣，要慢慢用。一樣拿吃來做比喻，比方說你愛吃醃醬菜、蜜餞、香腸、肉乾、泡麵這些加工食品，番茄醬、沙茶醬、辣豆瓣醬又沾得很過癮。經常這樣吃，不用算就知道鹽分攝取一定過量。年輕時只是血壓偏高，突破某一個臨界點後，就會因中風、心肌梗塞而倒下。喜歡吃醬菜沒關係，但不要餐餐都配，減少吃的次數，喜歡口味豐富沒關係，迷迭香、百里香、香菜、香茅這樣的天然香料或香草輪流替換著用，一樣能有好風味。世界衛生組織與衛福部建議成人每日鹽份攝取應少於一茶匙，約五到六公克左右，福氣慢慢享，慢慢減鹽到不超標的程度，到了八十歲、九十歲，就還有本錢偶爾陪孫子一起吃幾根薯條沾番茄醬，多好！

09 芒種　汗出毒排，安撫心神為上

◆每年六月五／六／七日

時間來到二十四節氣中的「芒種」，進入典型夏季。「芒」字面上意思是說有芒的麥類作物成熟請採收，而「種」是說穀黍類請從現在開始播種。以前人農忙，以又收又種的芒種最忙。而現代人什麼都可以忙，自己的事、別人的事都要忙，雖不用下田了，但也不見得比從前人輕鬆。此時身心靈該如何安頓呢？我認為「排毒避毒」與「安好自己的一顆心」兩件事極為重要。

◎排毒避毒，流汗淨化：順應自然界的充盛陽氣，借力使力，就著上午十一點前、下午三點後的明媚日照，走走路、出出汗，一方面排除體內老廢毒素，一方面促進全身循環。夏季是一年中人體新陳代謝最旺盛的季節，清除身體裡的毒素、幫助細胞再生修復，效果也是最好的。運動、出汗，確實做到，就不容易被退化性疾病纏上。

很多女孩子討厭流汗，覺得臭臭的，又怕晒黑不好看，老躲著太陽，我覺得這樣很可惜。出汗能清除堵塞毛孔的髒污與毒素，反而能讓皮膚痘瘡不生，變得光滑又細緻。此外，汗水中還含有抗菌成分，能提升免疫力、幫助預防感冒。若能流汗，就不怕濕邪來犯。體內濕重的人，不妨趁著這個陽氣充足又還不至於超級熱、適合流汗的六月，好好運動一下，提升肌肉量。肌肉量提起來、循環弄順暢一些，日後都有大用處。不過要提醒，爆汗後不宜立即以冷水沖涼，既傷身，毛孔遇冷收縮，又將汙垢留在毛囊裡，壞了排毒本意。

◎安心，捨小聰明修大智慧：陽氣旺，固然有利於人體細胞除舊更新，不過對有些人來說，卻熱得、濕得很煩，若又因日長夜短睡不好，那更是煩上加煩。怎樣安好一顆心呢？夜間若沒能睡熟，請別懊惱，中午小憩一下、靜心片刻，即有非常好的充電效果。

而剛剛說的運動流汗，也能令心情舒暢、壓力釋放。俗話說「動汗可貴」，透過自己運動所排出的汗液，能帶走身心靈最深層的毒。覺得心特別煩悶的時候，即時動一動，立馬就舒暢。

心的問題，還能用吃來解決。上火的那種煩，就靠降火的瓜，小黃瓜、苦瓜、絲瓜、西瓜……夏天產什麼瓜，你就吃那瓜。也是要提醒一點，寒涼性質的瓜類去火、解毒，夏季來吃固然是很好的，但也不能無所節制。像我們現在都有冷氣、電扇可以吹，又很容易接觸到冰品，體內積熱其實不如古代人那麼多，所以從前人勞動過後大啖西瓜消暑，我們現在坐辦公室的要改以品嘗的方式來吃，什麼都可以吃，但要把握「少量」、「分享」原則，切一個西瓜大家吃，不要全都往自己肚裡送。另外，熱辣夏季，大原則紅色食材入心，補心氣養心血的紅櫻桃，助眠安神的紅棗，心浮氣躁時別忘了還有這兩樣益心的寶貝。

好好吃睡、好好出汗，都能幫助你安好自己的一顆心，這是從外面來安。那從裡面要怎麼安呢？很簡單，把小聰明丟掉就好。小聰明是什麼？小聰明有「三好」：「記性太好」、「數學太好」、「能力太好」。記性好，好到難過的事忘不了，不堪的回憶老在心頭繞。數學好，好到跟人計較起來沒完沒了，分紅拆帳算到小數點下好幾位還覺得沒有賺飽。能力好，好到加班沒日沒夜催人老，飯沒吃、澡沒洗、帳單忘了繳都不知道。這些，都是會讓自己的心非常累的小聰明，有時，還會讓關心你的人也連帶受累。不如，「默默忘了它」、「裝傻讓了它」、「輕巧放下它」，開啟讓所有人都能輕鬆一點的大智慧。

10

夏至　靜心驗收，做自己的小太陽

◆每年六月二十／二十一／二十二日

陽氣極至、陰氣始至、晝長之至、日影短之至，故約夏至，炎熱的夏天正式來到。在傳統意義上，這天是北半球自然界陽氣到達頂峰的日子。陽這麼多要幹嘛？你到北極圈以北的地方，可以看一整天的太陽。或者去阿拉斯加瘋棒球，在亮得跟白天一樣的午夜，觀賞棒球賽。越往北，你能揮霍的「時間」越多，想做午夜日光浴、午夜騎單車，甚至是在午夜太陽下揮桿打高爾夫球，通通沒問題。

地球真的是很有趣的一顆球，它能帶給人們的體驗，太多太多了。

夏至陽氣發展到最高點，但回到蓬萊仙島上，現在，還不是最熱的時候。不用羨慕別人有「永晝」，台灣也有好玩的，你去找北回歸線通過的地方，嘉義水上、花蓮舞鶴台地或豐濱，你正中午往太陽底下一站，很神奇的，你就變成「無影人」，體驗「日影短之至」就在夏至。玩歸玩，玩夠本了，回歸日常生活，正所謂物極必反，過了今天之後，陽氣漸消、陰氣漸長。在這個重要的陰陽轉換時節，身心靈養護該注意什麼？分成以下四方面來談。

◎食薑散寒，抑癌抗發炎：大家最愛吃，先來講吃的。藥食同源，「早上三片薑，賽過喝參湯」、「家有小薑，小病不慌」、「飯不香，吃生薑」流傳已久的順口溜，正好反映了這個時節的人體需求。祛寒排寒等到冬天再來做，效果不是說沒有，但不如盛夏借力使力來得徹底。散寒去濕的熱薑茶、消炎抑癌的老薑、開胃促消化的嫩薑，這時候來吃，薑薑好。

誰尤其適合吃薑？天氣太熱沒有食慾的人、下半身水腫很明顯的人、以植物性飲食為主的人，以及夏天常吃生菜沙拉、生魚片、冰品、冰飲的人，都非常適合。但有兩種人要注意，使用抗凝血劑者勿食生薑，煮熟的薑不宜過多，還有膽結石患者也要注意攝取量。此外，怕影響睡眠，一般而言，薑屬升發之物，配合生物鐘節律，中午前吃比較好，不建議夜晚吃太多薑。

◎防中暑，補水要在口渴之前：夏天醫院比其他季節更容易接到熱痙攣、熱衰竭、熱中暑等熱傷害的病患。什麼人容易身受其害？肌肉少、出汗少的人。如果你前半個月有照我說的認真提升肌肉量，把循環拉起來，基本上就不太會中暑。如果還沒練成，那把握住以下五個原則，也能預防。學起來，順便也幫身邊的人，預防一下。

第一，自知散熱、降溫的機制較弱，就更應該慎防在烈日下激烈活動，躲著大中午的太陽。第二，與體溫接近或稍微高出一些些的溫水，每天都要喝夠，等口渴時才喝就太慢了。第三，避免暑氣傷人，宜穿著棉麻天然材質、散熱佳的衣物。第四，從豐富種類的蔬果中攝取足夠的礦物質、維生素，有助於維持身體各項機能正常運作，也是預防中暑的好方法。第五，看懂徵兆，提前預防中暑。若出現頭痛、噁心想吐、抽筋、無法流汗時，請即刻前往陰涼處鬆脫衣物、搧涼、喝加了少許鹽的冷水或稀釋過的運動飲料。

◎這樣呼吸，預防心肌梗塞：夏至雖不是最熱，但從現在開始，暑熱將會越來越有看頭，一路能熱到立秋。散熱這檔事，全靠心來驅動。一旦熱浪來襲，心就必需更快更多地打出血液，以供應皮下血管擴張散熱。也就是說，有「君主之官」之稱的心，越熱是越忙，你最好別用其他事煩它、增加它的負擔。不只極冷之時屬於疾病好發的「黑時間」，非常非常熱的時候，心肌梗塞也是時有所聞，同樣需要留意。

夏季心臟病最怕就是四件事兜在一塊兒，「本身肌肉量少散熱慢」、「夏天很熱」、「脾氣很差，動不動火大」、「有心血管疾病史」。炎炎夏日，「炎」字已經有兩個「火」了，切勿再讓心火、肝火助長熱勢力。預防致命心肌梗塞、腦梗塞，三高患者，除了平常的血糖血脂血壓控制，還可以透過以下呼吸法，調節情緒、避免情緒暴衝。

步驟一，暴怒時，先別急著罵人，不說話，視線回到手機上。

步驟二，叫出手機時鐘裡的碼表，深吸飽一口氣，再點啟動。

步驟三，看著碼表，憋氣約十五到二十秒，把氣吐出來。

以上步驟重複幾次，直至心能靜下來為止。

◎回望本心，認真過好自己的人生：人體能量起伏與天體運行關係密不可分。在陽氣最為充盛之時，人最能感覺到明亮、積極、正向、溫熱、上升、動態、語聲宏亮、呼吸有力與生生不息。這時候，若還每天從臉書或ＩＧ上去關注他人消息「他們又出國玩了，好好喔！」，「這家看起來很好吃，我下次也要去」，或者十分在意朋友在你的動態下面究竟都留了些什麼評語，如果花了很長時間在做這些，那就很可惜。現在社群媒體、通訊軟體太方便，人一不小心，就容易陷入「為他人目光而活」的泥沼之中，不自覺花太多時間再去經營一個虛擬的自己。

何不趁著天地予人豐沛能量、個人精力最盛之時，回望本心、憶念初衷？把視線拉回自己身上，認真過好自己的人生，才是實在。夏至，陽氣頂峰之至，此時此刻，你就是自己的小太陽。無需依傍外物、無需過度在意他人目光、管它有沒有外援，請盡情、痛快地發光發熱吧！

11

小暑　蒸汗煮，浴泉補水以熱制熱

◆每年七月六／七／八日

「小暑過，一日三分熱」從現在開始，人更能感覺到氣溫明顯升高。拆解「暑」字，土上土下都有日，都兩個日了，那還能不熱嗎？自然是加倍熱的。不只上頭太陽晒得人直發昏，中間還有大家冷氣排出來的熱風，就連下頭水泥地、柏油路也積蓄了熱氣。面對這樣上下夾攻的熱，怎樣讓自己過得舒服一點？分享兩個祕訣，都跟水有關。

◎**水分補充有講究，勿牛飲：**「大暑小暑，上蒸下煮」古人形容得貼切，小暑時節，你可能會感覺到自己像是蒸籠裡的小籠包，熱到冒煙，汗如雨下。大量爆汗時，身體消耗量大，會特別容易虛、覺得累。熱盛之時，水分補充尤其重要。為避免增加猛然心臟負擔，溫水小口小口喝，多分幾次喝，比起牛飲，慢慢喝更能確實補充到水分。夏天要格外體貼你的心臟，畢竟它為了你的流汗散熱，已經增加不少工作量。之前新聞有報，有人在兩、三小時內狂飲六公升以上的水，想藉此消暑卻喝到心衰掛急診。這屬於比較極端的案例，大家看了不要嚇到不敢喝水，把握「少量多次」的原則，就不容易出現這樣的問題。

再來講喝的時機。如果預期待會要去運動，不妨事先一兩個小時前，先喝五百毫升開水，讓身體有時間從容地使用這些水分，包含全身的循環、流汗排毒的效率都會比較理想。在運動賽事中，你看那些頂尖的運動員，休息補水時，都只會喝一點點，向達人學習，運動中牛飲是大忌。而運動後因為天氣很熱讓整個人更熱，這時候更應該有所堅持，勇敢地向冰涼飲料說不。傷身還是養生，就決定在關鍵這一刻。冰的狂灌下去，剛才的努力都毀了，可惜！

提供一個進階的喝水方法，平常喝水的時候，先在口中含一下，稍微混合自己的唾液，再嚥下去。這樣的水，就不只是水，而是「金津玉液」。從現代醫學的角度解釋，至少有三項好處。含一下能調節溫度，讓水不會太燙或太冷，人體更好接收。其次，滋潤口腔能降低渴燥感，這也是很多爬大山的人，常用到的技巧。還有，先含再吞比較不會出現脹氣、想把水嘔出來的感覺，喝起來會比較舒服。

◎夏日浴泉，暑溫可祛：用冰冷的來對抗酷暑，是以暴制暴的做法，手法不夠細緻。自古以來有智慧的人，都偏好「以德服人」，而不是去對抗。以熱制熱，順天不逆天，才是舒服。具體來說，你可以選一個通風好的地方泡湯，特別是平常不得已長時間待冷氣房的人，有空去泡泡，能把不屬於自己的寒氣化掉。尤其一個身心靈平衡的人，與外在環境同步的能力比一般人強，寒暑不忌，但給這樣的人吹冷氣，對他來說就是多此一舉了，反而會讓他覺得冷，這時候能藉由溫泉，能再次將平衡找回來。夏天泡溫泉，除了利生，還不怕人擠人、花費又比冬季便宜。找時間去吧，運氣好說不定還能「包場」喔！

退而求其次，在家自己做足浴，加點適合自己的藥材或精油，也很舒心。我有時喜歡切幾片薑，或是滴幾滴檜木精油。此外，還可以用熱毛巾來回擦拭身體，把阻塞毛孔的髒汙處理掉，令自己的皮膚，變成「會呼吸的皮膚」，不僅改善膚質狀況，也有助於調節體溫。最後一招，「喝熱茶」。英國人研究，在所有消暑飲品中，熱茶的消暑效果是最好的。但記住，是熱茶不是「燙茶」，到燙口、燙壞食道的程度，那又反過來傷身了。養生，尺度的拿捏，是藝術！

12 大暑 穩固中軸，靜心期中考

◆每年七月二十二／二十三／二十四日

時序進入到夏季最後一個節氣「大暑」，這是北半球頂點熱的時候。而臺灣往年最高溫的日子，也多從這時候開始，一直持續到下個節氣「立秋」前後。這段時間，濕暑鬱蒸、大雨時行，午後雷陣雨下起來是特別猛烈。又濕又熱又疲又困能幹嘛？難道要在大暑時節怒吃大薯？沒用的，炸薯條吃多了容易上火，更無益於消暑。

「大暑暴虐如惡酒」濕熱到讓人身心都不痛快，預防肝火大動急躁誤事，我們格外需要來做一件很重要、很有難度的事：「穩固中軸」。意思是你不要被高溫給擊敗，原本該如何優雅就如何優雅。不因陽氣旺盛就過嗨，不因空氣燠熱而亂了分寸。這是一個考驗靜心功力的年中期中考，越能把持住的人，越能拿高分。養生攻略重點提示，依序從身心靈三方面來說。

◎調身體，把握最後的夏日時光：夏天裡，無論是實行排毒、排寒、排濕、排除多餘脂肪，還是淨化血液、淨化皮膚，都有天公伯打著大太陽幫我們加持，全光譜日光照一照，寢食難安的、體內濕氣重的、新陳代謝遲緩的、正從疾病中復原的，通通受益。

大暑過後下一個節氣就是立秋了，趁夏天這最後半個月，別老躲在冷氣房裡穿著輕薄衣物、大喝冰涼手搖飲料、三更半夜不肯睡、淋到雨又不好好吹乾……以上這些，都於陽氣有傷。夏天最重要的養生，就是養陽，只要避開正中午的毒辣日頭，利用其他陽光明媚的時候多出門走走路、流流汗，便能收活血助陽之效。趁自然陽氣旺盛時養身體的陽，順勢把體質調好，屬於聰明人，入秋之後比較不會感冒，亦可避免秋冬疾病反覆發作。不過要提醒一點，除非你是要出國比賽、為國爭光，否則運動訓練應依個人體能適度增減強度，一般來說，最熱的時候不宜太劇烈或時間拉太長。若要拚個人最佳成績，可等秋天的時候再來拚。

◎測驗心，能多靜就能有多涼：西藏出家師父修習拙火定法的，因為要測試自己運氣發熱的功力，所以選在極冷的時候到冰川旁驗收，看看能不能利用體熱，把吸滿冰水的布反覆烘乾。同樣的道理，練習靜心練了一段時間後，不妨趁此極熱之時，來檢視自己「心靜自然涼」的能耐，平常能氣定神閒不稀奇，這麼熱這麼悶這麼溼，心仍一片清涼的，才算是真正功夫到家。

我認為大詩人白居易是懂靜心的，他很好地闡述了靜心如何運用，「何以消煩暑？端居一院中。眼前無長物，窗下有清風，熱散由心靜，涼生為室空。此時身自得，難更與人同」從這段文字中來看，白居易同時也是斷捨離界的高手，物欲不多，家裡沒有被雜七雜八的東西堵滿，涼風才吹得進來啊！唯有「空」，才能生出一切，包含涼意。詩人的境界已經很高，一般人很難跟他一樣。然而，一山還有一山高。白居易挑了個熱盛的日子，外出拜訪出家師父，驚訝發現「人人避暑走如狂，獨有禪師不出房，非是禪房無熱到，為人心靜身即涼」大詩人自己還要在院子裡才能納涼，沒想到禪師更厲害，坐在蒸籠一般的禪房中，照樣不熱。看到這，要不，你也把冷氣關了?節能減碳，順便試試自己功力如何。我有朋友喜歡夏天去看恐怖片消暑，這太刺激了我不敢，不過，找些有冰、有雪的極地片子來看，倒是感覺挺涼快、挺好的。

◎實現善，推動好事繼續發展：就靈性修持而言，心已能靜的人，除了自己心靜自然涼之外，更好能順手拉一把即將被酷暑擊敗的有緣人。俗話說「大暑小暑無君子」平常人模人樣的，等到真的熱起來，形象也顧不上了。大暑熱極，多數人自顧不暇，溫度高、又濕又熱又悶，多數人容易煩躁失去耐心、起衝突起爭執的狀況會特別頻繁。這時候尤其需要有智者，就是你！以清涼智慧來化解惱熱苦痛，讓你身邊的好事情，不要變調、不要受到阻礙，能繼續順利地進展下去。

能力，總在最壞的狀況下，有最大的發揮空間。有能者、有智者，請讓大家一同共好！

13

立秋　長夏排濕，智者不興訟

◆八月七／八／九日

持續高溫、午後局部豪雨，有時還有颱風，不翻月曆還真不知道秋天來了。這樣的立秋「睡起秋色無覓處，滿階梧桐月明中」南方人感受不到秋意，只有北方的梧桐率先貢獻幾片葉子，算是展現迎秋的誠意。

人家都說秋燥秋燥，但現在明明就很濕，哪來燥？二十四節氣主要是跟太陽走的，天體走到哪，季節就怎麼劃分。不過古醫家倒是很有智慧，於夏季跟秋季之間，塞進了一個「長夏」，再跟木火土金水五行對應起來，就成了木－春、火－夏、土－長夏、金－秋、水－冬，剛剛好。長夏對應土、對應脾，表現出來就是濕，非常準確。

順帶一提，在藏地，由於冬天很長，因此藏曆有兩個冬天，夏天也有兩個，所以一共是春、盛夏、季夏、秋、初冬和隆冬六個季節，兩個月換季一次。擅長觀天象的藏醫也講究節令養生，會指導藏地居民生活起居該如何應天時安排。

既是秋也是夏，身心雙重養護

立秋，太陽說它是秋，老中醫說它是夏，非常有意思的一個節氣。有人把「立秋—秋分」這段期間稱為「長夏」，而也有地方長夏是指「夏至—處暑」這之間的時間。地球不但很熱鬧，而且還很大，同樣在北半球，冷熱濕燥有地區性差異，那也很正常。住在哪地，就翻哪個地方的曆法、就聽當地的達人怎麼說，因地制宜，候物最準。

臺灣的立秋幾乎沒有秋意，反跟長夏的「濕」能對應得上。立秋，也是長夏之始，這幾天若下起雨，一點都不奇怪。不管是午後雨還是颱風雨，都是外面的濕。而人冷氣吹得兇、冰涼飲料不忌口、過食西瓜與生魚片、熬夜又貪嗜甜鹹肥膩、思慮太過重重心事傷脾。再加上頭髮不吹乾、流汗卻讓衣服自己乾，那身體可會像是泡在水裡一樣，困重不爽，這是裡面的濕。另有些人會起小丘疹、濕疹、汗皰疹，這些都屬於濕氣在人體上的顯化。

立秋也好，長夏也罷，這時節的保養法，一點一點說給你聽。

◎長夏排濕，陽光下健走：排濕，我最推薦的當然是在陽光下健走，這是最快最舒服的排濕法，晚上還能睡得更深、更沉。太忙沒時間運動，泡溫泉、泡澡或足浴，也能帶動全身循環。以前我喜歡做岩盤浴，暢快地發一場大汗。健身房的蒸氣室、烤箱也有類似的效果。只不過，被動式發汗與自己運動的主動式發汗，在排濕效果上，還是自己有出力的，效果好一些。

若是在睡前泡澡泡腳，應注意溫度不要太高，怎樣叫太高？讓你越泡越有精神的，就叫太高，恐干擾睡眠。大約四十五、六度這種高溫，會刺激交感神經，令人精神為之一振，白天的話你就可以泡這種。睡前的浸浴，希望能活化副交感神經，因此以舒服放鬆為度，四十一、四十二、四十三度這樣，不宜太燙。

◎解水腫，帶動全身循環：有一回我在提倡多喝水時，遇到一位小姐跟我說她水腫，不能喝水，這是錯的喔！體內有濕，不是因為水喝太多，排除因疾病導致的水腫，一般性質的水腫大多是因為循環不佳所造成的，反而要喝水，你若缺水，血液就沒有循環的本錢。

為了促進循環、幫助排毒，人不能不喝水，但若已經水腫，就老老實實放棄冰水，改喝溫熱開水吧！最重要是要去提升活動量、增加運動次數、避免久站久坐久臥維持同一種姿勢。循環慢慢帶起來，心臟、肌肉漸漸練強壯，水腫的困擾，自然而然能解決。

◎謹慎開展新的一季：菩薩畏因，凡夫畏果。儘管秋意不濃，但仍算是一個季節的開始，別因為還在熱，就過於忘形忘情。一流的人，都很重視凡事要有好的開始。尤其金秋肅殺之氣是一年最盛的時候，謹慎一些總是好的。

畢竟經過了春生、夏長，到了秋收這第三季，一年的獲利也差不多大致抵定了，紛爭總來得出其不意又特別頻繁，一方面要避免自己被「秋後算帳」，一方面身處「多事之秋」，能少紛爭就盡量慈悲，一方面自己要慎始、要小心，一方面學著原諒、展現肚量。有智慧的人懂得趨吉避凶，絕不會想在秋天和人起口角、起爭執。

14 處暑　熱去涼來，早睡解秋乏

◆每年八月二十二／二十三／二十四日

「處暑」為秋天第二個的節氣，「處」是就此打住的意思，表示暑氣到此為止。暑完了，換秋老虎上，又是另一種熱。

春夏兩季沒保養好，有人可能到現在還會起濕疹，若出現這樣子的狀況，夜裡不妨試試少開點冷氣，繼續中午以前喝熱薑茶退退濕。秋天若再沒解決身體裡的濕，到冬天可就要常常咳嗽了。

其他一些要注意的，在此先提醒大家。

◎**冷不冷熱不熱，小心秋老虎：**雖說處暑已經「出暑」了，不過秋老虎一旦發威，頭頂著大太陽，還是會讓人像夏季一樣爆汗。下場雷雨、一個颱風來襲，天氣又不一樣了，要冷不完完全全冷、說熱又不是徹徹底底的熱，季節交替的時候，總是多變。而氣候異常的現象，近幾年又特別容易發生，多事之秋，若出門在外時間長，薄外套帶一件，即是對感冒最好的預防。

試想，若你去歐洲流浪，要去十個八個國家，有高山有平原、有內陸有海邊，你會怎樣帶衣服？當然是可以一層層往上加的那種，要比花俏不通風又不保暖的好多了。臺灣紡織業很強，機能性布料銷往全世界，我以前還曾特地寄回家鄉給老媽穿呢！兼具保暖、排汗、透氣、快乾的機能衣物，買幾件好的來穿，天氣再怎麼變化都不怕。

◎認真考慮早點睡，一解秋乏：春天有春睏、秋天有秋乏，都是因為季節轉換，冷熱相交，人體啟動保護機制，暗示人以自身的靜，來制外在的動。秋天的乏，特別會讓人早上起不了床，耽誤了上班上課。

想睡就去睡啊，幹嘛硬撐？「子午覺」能睡，是最好命的人。「子」是子時晚上十一點到凌晨一點，「午」是午時，早上十一點到下午一點。尤其是夏天玩太瘋，經常熬夜的人，到了秋天休整季節，之前元氣損耗多了，現在會覺得疲累一些，也是很正常。你可以比之前提早一小時去睡覺，晚上十點、九點、八點，都不算早。補元氣的覺，晚上八點就可以準備上床躺平了。總之，宜早不宜晚。最晚不要超過晚上十一點。如果書念不完、工作做不完，累了就先去睡，晚上十一點到凌晨三點睡好睡滿，再起來用功，比撐著熬到天亮，又再睡到中午更理想。

◎依四氣調神，像雞一樣早起：如果把《黃帝內經》當成一本預防醫學之書來閱讀，能為大大為自己減少使用健保卡的機會。上頭關於四季的指南，相當中肯。在〈素問．四季調神大論篇〉中提到秋天三個月，風變得比較急，萬物變色，人應該「早臥早起，與雞俱興，使志安寧，以緩秋刑，收斂神氣，使秋氣平，無外其志，使肺氣清，此秋氣之應，養收之道也。」

要是不這樣做，損傷的可是肺氣，在損傷肺氣的當下，人不一定會立即感到不舒服，但已經種下隱禍，等到了冬天，就會出現「完穀不化」的拉肚子狀況。若不想冬季常跑廁所，還是乖乖跟雞一起起床比較明智。

但有一點要提醒，「與雞俱興」是說跟雞一起起床就好。秋冬你不要貪早，以為起得比雞早就會比人家更健康一點，沒有這種事！必須等待日光照到樹葉，行了光合作用後，才有最新鮮的豐富氧氣，你這時候起床，才有意義。養生，時間點的拿捏，差一點就差很多。

◎避免意志外馳，宜收斂神氣：上面三點都比較跟身體有關，這最後一點，則是跟心靈、跟運勢有關。與春天的揚發、升發相反，秋天屬於收斂、內斂的季節。遇上好事，不要太過高興，張揚易遭人嫉妒，無故遭禍，遇上壞事，不要太過傷心，悲秋悲秋，秋天蕭瑟已經夠悲了，若遇上壞事還要傷心，那可要一路犯懶、消沉到隔年春天去了。請替自己靜出一顆平常心，以對順逆，泰然處之、平淡處之。

稍微解釋一下，秋天為什麼會悲。有人說看到落葉會悲，有人因為暑假即將結束而感到悲傷，這都有可能。但臺灣秋天會變色、落葉的樹不多，照理說，大家應該都天天開心啊，為何又會悲從中來？答案是「日照」。你身體裡的血清素水平，受日照影響。颱風接二連三來，晴雨不定，或是人自己足不出戶在家趕暑假作業，又或者連日霧霾，晒不到陽光致使血清素下降，沮喪、失落、無力、失眠就通通有可能發生。所以說，對治秋冬季節性憂鬱，老話一句，還是趁大好晴天，多晒晒太陽吧！

15 白露　一夜涼一夜，寧神緩秋刑

◆每年九月七／八／九日

露凝而白，「白露」這名字不只詩情畫意，它還暗示這是一個白天熱、夜晚涼的時節，而清晨露水最多的時候，往往也就是晝夜溫差最大的時候。一層秋雨一層涼，入秋之後要小心哪些疾病來報到，又該如何預防？先來學幾招防身。

◎吃大蒜：提前來預防之後日夜溫差變大，辛溫入肺的大蒜，是風邪最害怕的剋星。大蒜富含珍貴的大蒜素，對提升免疫力、維持細胞健康有小兵立大功的助益。煮成大蒜雞湯，或切末配水餃、配肉類，都不錯。我自己感冒時不吃感冒藥，而是嚼兩粒生大蒜消炎兼殺菌。

◎顧鼻子：「秋天到，鼻炎鬧」白露前後，有過敏性鼻炎史的人，更要注意日常保養。

不妨多多熱敷眼鼻，或把雙手來回搓熱再搓搓臉。搭配按壓鼻子周遭穴位，如印堂、鼻通、迎香、人中等（圖28），疏通臉部氣血循環，可增強抵抗力。

◎笑開懷：秋冬為季節性憂鬱症好發的季節。一般人即便不到發病的程度，悲秋傷感，很多人亦會不自覺感到低落。建議多跟開朗有趣的人相處、看喜劇電影、找些令人開心的事來做，以大笑抒發肺氣。大笑是一種很好的排毒運動，能排肺部濁氣，並使氣血通暢。

◎去秋燥：秋天的燥有兩種，一種是口乾舌燥的燥，一種是心浮氣躁的躁。去乾燥首重補水，溫熱開水每日喝三千毫升，必需的，我自己每日晨起，至少喝上五百毫升。又「秋屬金，金色白」，肺對應白色，秋天補充白色水

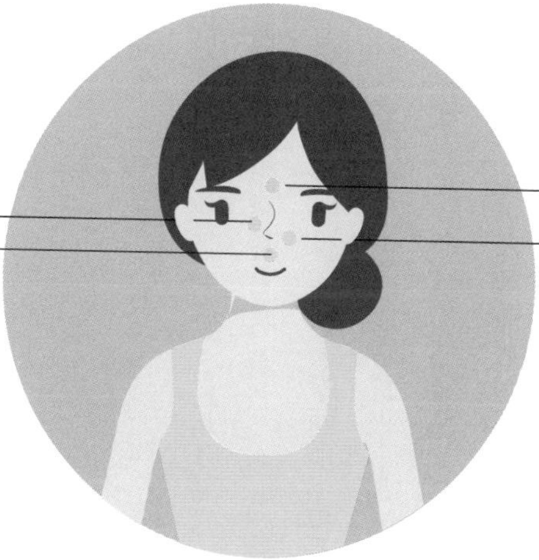

圖28

果尤其滋養，潤膚潤肺，吃龍眼、水梨、柚子、甘蔗都不錯。

◎**練靜心**：對治心性上浮躁，首重靜，靜而後能定。《黃帝內經》建議「使志安寧，以緩秋刑；收斂神氣，使秋氣平」秋季最適合透過「靜心」，收斂肅殺之氣，以和為貴，利他仁慈，能為自己積福。除了心情上的急躁、暴躁，行事躁進、躁動，也當自覺避免。練靜心，還能預防因浮燥而注意力、專注力下降的問題。

◎**戒西瓜**：從前老人家若看見小孩這時候還捧著西瓜猛啃，便會搖搖頭說：「秋瓜壞肚」。寒涼食物在秋天，會讓體內陽氣較弱的人，飽嚐腹瀉腹痛之苦。除了西瓜，絲瓜、苦瓜也不宜再大量食用了，偶爾吃沒關係，重點是不能再像夏天那樣餐餐上桌。

◎**智慧穿衣**：養生這檔事沒有絕對，因地而異、因個人體質而異。秋天吃西瓜，也非人人必定腹瀉，你去熱帶地方生活，或許就可以吃。秋天穿衣這件事，也需靠智慧來下判斷。體虛的，掌握「白露勿露身」的保暖原則，不打赤膊、不穿無袖，尤其肚臍不要著涼。體健的，倒是可以來練練「秋凍」。我小時候住的地方很冷，還會下雪，怕最冷的時候再厚的衣服都穿不暖，所以不會在一開始冷的時候，就把最厚的衣服拿出來穿，而是讓身體慢慢去適應降溫，跟「秋凍」的意思很像。

「秋凍」是什麼呢？秋意漸濃後，到入冬真正變冷前，刻意不提早添加衣物，不做預防性保暖，促進身體新陳代謝，靠自己產生足夠的熱能，增強適應寒冷的能力，這就是古人養生大絕招「秋凍」。人的適應力與耐受力經由鍛煉，能越練越強，但若身上有疾病未癒的，還是先把病治好了再來練，切勿逞強。

16 秋分 收斂養內，潤燥去憂愁

◆每年九月二十二／二十三／二十四日

秋分跟春分一樣，這個「分」字代表一半。有兩層意思，第一是說晝夜平分二十四小時，白天跟黑夜的時間幾乎是一樣長的。第二層意思，是說明秋天至此，已經過了一半，還剩下一半。順帶一提，二〇二〇年秋分是九月二十二日，若年初許了什麼願望尚未達成，到現在剛好剩下一百天還能來實現它。

秋分養生，裡外兼顧。於內，毀譽不起波瀾，於外，含寬胸解鬱。再加上吃好、喝好，讓自己開心、爽朗一些，不要太過憂鬱。具體怎麼做？詳述如下。

◎收斂養內，於鬧市中歸隱：順應天地的收斂閉藏，秋季修心，把握「養收」原則，重點在於能否活得自在。把心收起來好好養著，不是讓你離群索居、帶著一顆排球跑到無人島上去躲起來。而是訓練自己在鬧市中歸隱，毀譽不驚，別人說你好說你壞都無所謂，因為你已經找到跟自己好好相處的方法。隨人境界不同，「小隱隱於野、中隱隱於市、大隱隱於朝」古代養心達人為大家介紹了三種層次。

最初級的，逃離都市找世外桃源去了。厭倦了成天奔忙不知為啥，找個讓你心能獲得寧靜的能量點，靜心、充電一番，也不是不可以。不過厲害一點的養心專家，都是能就地靜心的。就算在市場吃麵配滷蛋、擠捷運還得拿著手機回覆訊息，或者正做著自己喜歡的事情，不論在哪種狀況下，都是明明白白在度日，帶著覺知、活在當下，不批判不強求，甚至還帶著欣賞的目光，無所畏懼地體驗著人生，這是第二種層次。而最高境界，是即便厭世也不離世，還能跟人一起好好做事，管他是豺狼虎豹還是阿貓阿狗，都能成為自己的助緣，這是最強的。

◎潤燥，喝好吃好人生沒煩惱：比起吃藥，我更喜歡介紹大家吃好東西。秋天宜攝取的食物，因人體質而異、因需求而異。想解決皮膚乾燥的，我推薦亞麻仁油與苦茶油兩種油，可以喝也可以擦，還有就是白木耳，既甘又潤，還對肺很好，肺顧好了，皮膚就會漂亮。

至於秋天老是愛睏、早上很難起床的人，中午前喝點薑茶能促循環，或泡杯熱茶也有助於醒腦。不想被悲秋氣氛影響，悅性食物則是幫你維持平和純淨的好東西，全穀物、豆類、各種蔬菜都是，而調味品部分，檸檬、洋蔥、咖哩粉、薑與香菜可以輪流替換著用，想擺脫困重的感覺，化學添加物多的醬類少用，改以天然食材調味才是有智慧的作法。平時若肉類、甜食、油炸物吃得多，秋季可利用香蕉、蘋果、水梨、豆腐、百合、松茸、豆芽菜、花椰菜，來平衡營養攝取，人比較不會有疲乏的感覺。

◎去憂愁，來做辦公室擴胸操：長時間坐辦公室，打電腦、伏案閱讀、低頭滑手機，一直駝著、縮著，維持同樣的姿勢，容易造成循環不順暢。可能出現胸悶不暢快、腰酸背痛，或肩頸僵硬的狀況，毛病一大堆。調解胸中鬱悶之氣，除了靠靜心轉化外，直接站起來動一動，心情馬上就會不一樣。

擴胸第一式「交叉解悶」：

步驟一，手臂平行上下交叉。（圖29）

步驟二，交互擺動。（圖30）

注意左右兩手上下要交換喔！一下左手在上、一下左手在下，如此交替，連續做

圖 29

一分鐘。動作需要帶點速度和力量，擴胸的同時，可感覺到肩胛後收靠近，有一點夾的感覺。（可參考連結中影片 https://tnntoday.com/257403/chest-expansion）

擴胸第二式「上下順氣」

步驟一，左手往前往上擺，右手往下往後擺。（圖31）

步驟二，類似跑步姿勢，雙手上下大幅擺動。（圖32）

請依自己的柔軟度，盡情伸展，上下擺動幅度越大越好。也是做一分鐘。這個動作既寬胸理氣，背部也會熱起來，整個上半身循環變好、身體帶氧量變好。秋乏的很厲害時，在辦公室打瞌睡時，趕快站起來動一動。

圖 30

（可參考連結中影片 https://tmtoday.com/258881/chest-expansion-2）

圖 31

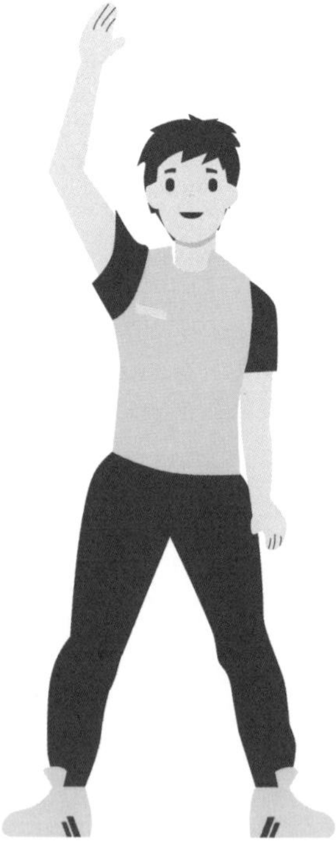

圖 32

17

寒露 郊山秋遊，安眠養壽萬步走

◆每年十月七／八／九日

寒露白露都是露，不過光看名字就知道，現在這時候的氣溫肯定又比白露時再降了一些。時節，進入到深秋。

說到運動健身，春天太忙、夏天太熱、冬天太冷，秋天應該就沒有什麼藉口可以阻擋你了吧！還不趁著秋高氣爽，到鄰近的山區走走？九九重陽登高，這叫踏秋。農曆九月九是重陽節，有時會跟寒露日子離得很近，譬如二〇一九年兩者就只差了一天。但在二〇二〇年，重陽卻又比較接近霜降。但無論如何，整個國曆十月份都是很適合來鍛鍊身體的。

秋天有練有差，人肌肉量多的時候，不只夏天利於散熱比較不容易中暑，冬天則利於熱能生成，比較不會怕冷。而人體全身上下最大的肌群在於大腿，你登山、健走快走，都有助於維持腿部肌肉量，延緩老化速度。在戶外走路又比室內更好，除非空污太嚴重，否則白天出門適度接受日照，再加上運動，晚上肯定能安然入夢、睡得又香又甜。所以，為了健康，走出去吧！

◎穿好鞋，走到九十九：有決心走路，已經成功了一半，而剩下一半，就看工具了。「工欲善其事，必先利其器」走路是最好的運動，它幾乎不需要什麼特殊器材，只要穿對鞋子，幾乎就沒什麼大問題。

穿對鞋子就沒問題，問題是很多人都穿錯。我在診所，看了不少發炎、磨損的膝蓋，很多是因為從年輕時代就不注重保養，只管漂不漂亮。我雖提倡走路，但千萬別穿以下這幾種去走。不適合走路的NG鞋：

√高跟鞋

√夾腳拖

√薄底的鞋子

√過軟的鞋子

√楦頭太窄的鞋子

參加重要聚會，短暫穿一下高跟鞋無妨，但若長時間、高頻率的穿著高跟鞋走路、逛街，恐怕成為足底筋膜炎好發族群，或者造成阿基里斯腱反覆發炎。運動散步，也應避免穿拖鞋，尤其是夾腳拖。跟高跟鞋一樣，穿包覆性不足、支撐力差、避震效果弱的拖鞋長時間走路，或造成腿部肌肉緊繃，或使腳趾發炎疼痛，連帶足踝、膝蓋、臀部、腰背都會受到牽連。有些人老喊腰痠背痛，原因就出在雖然愛走路、運動超認真，但卻穿錯鞋，導致越運動越傷。

適合走路的鞋有以下特點：

√ 可綁鞋帶調鬆緊
√ 整雙包覆性佳
√ 腳趾有自在扭動的空間
√ 鞋子可與腳跟、足弓密合
√ 鞋底軟硬適中具抓地力

走路鞋不是越輕越軟越好，太輕薄的避震效果差，當然太硬太厚也不恰當，穿到那種底部太硬，完全無法彎曲的休閒鞋，走起路來是特別累。你可以試試看穿著鞋，墊起腳尖，腳趾根部可以彎曲的鞋款，較適合走路。如果走的是難度較高的野外登山路線，就要穿著底部更硬、抓地力更強的登山鞋，並選擇能包覆到腳踝的高度，可預防走在碎石路面時扭傷腳。

◎善慧同行，無遠弗屆：行走人世間，穿對鞋，步伐穩健，而存著正確的心念，更讓你無遠弗屆。

我診所裡掛著一幅書法，上頭提「善慧」二字，即是我認為的正確心念，我時常用來警惕自己。「善慧」意指「善良」與「智慧」。若把善、慧比喻成兩匹寶馬，我們就像是駕著雙頭悍馬車的驍勇戰士。

善與慧這兩匹馬強悍勇猛，能克服任何崎嶇不平的地形，所向披靡，哪都去得了。在你成就心願的道路上，牠們是你斬妖降魔的最佳良伴。不過，少了任何一匹馬都不行。慧跛腳，馬車將歪斜傾覆；善罷工，馬車連動都動不了。所以平日裡得經常鍛練、餵養善與慧，牠們才能為你效力，伴你關關難過關關過。

我常說善良要與智慧同行，否則就怕「好心做錯事」。我曾遇過一個太太，看先生病得很不舒服，好心去藥房買成藥給先生服用，不吃還好，一吃馬上送急診。關懷別人沒錯，錯在醫學常識不夠，險些害了人，而且還是最親的家人。

善良非常可貴，但有時善事做多了，難免出現盲點。利他的行為、出於善意的話語、想要大家都好的心意，有智慧隨行，才能彰顯善的價值。否則雖是替人著想，不小心卻令人難堪。

或者自己勞心勞力，事情仍不見有多大進展，這樣就很可惜。

有人說秋天是「多事之秋」，也有人道「秋高氣爽，天涼好個秋」，其實季節就是季節，哪有什麼好的季節還是壞的季節。不管是外出運動，還是出門為生活奔忙，善慧同行，就沒有你到不了的地方。

18 霜降　暖上身，預防性補冬正當時

◆每年十月二十二／二十三／二十四日

時序進入到「霜降」，這是秋天最後一個節氣。在緯度高或海拔高的地方「氣肅而凝，露結為霜」，故名霜降。不過在幾乎不下雪的南方平地，見到霜降牛排的機會，恐怕比見到自然界的降霜來得多很多。高山上，如此轉冷的契機，倒是有利於迎來很讚的蜜蘋果，約莫霜降之後，老愛往山上跑的人，就開始預先訂房、訂水果，滿心期待著楓葉轉紅、蘋果成熟，大飽眼福與口福。

沒吃到蜜蘋果沒關係，蓬萊仙島上其他的「補物」倒也是不缺的。預防醫學是一門掌握先機的科學，想預防中暑和早衰，最好時趁年輕把肌肉力壯大起來，預防骨質疏鬆，最好趁陽光美好之際就晒好晒滿。還有補水，要在水份流失之前，運動前先喝，比出大汗後才喝，身體感

覺會差很多。補身，也是同樣道理，等到真的氣溫降下來，冷到皮皮剉的時候，那是穿再多衣服都穿不暖的。前人提醒，「一年補透透，不如補霜降」、「補冬不如補霜降」，預防的道理，智者很早就知道，但真正去把智識化為有智慧的行動，身心靈才能真正受益。

霜降養生法，一補二刪除，請聽我慢慢說仔細。

◎依體質補，過剩之人無需再補：大原則寒的人吃咖哩、熱的人吃蜂蜜、虛的人吃炒磨菇，至於實的人平常就已經活力充沛，無需大補，反而適合清。一黑一白，黑的黑木耳清血管清腸胃，白是白蘿蔔促進腸道蠕動、提高防癌能力、預防心血管疾病。白蘿蔔素有「小人參」美譽，不但清甜美味，營養價值又高，能為體重控制者帶來飽足感，可以一路可吃到冬天去。

寒的人的特色，是夏天人家吹冷氣吹得好爽，自己卻冷得跟支冰棍似的，不只手腳冰，連身體中心也是冰的。這時候我會建議吃咖哩。咖哩原文有「混合」的意思，它不是一種東西，而是由很多可以溫身的辛香料所組成的。每個地區配方都不一樣，比較重要的有薑黃、蒜粉、胡椒和荳蔻，看到這些，有概念的人就知道咖哩是能健全免疫力的好東西。我曾在印度住了很長一段時間，期間經常吃咖哩，受到咖哩的幫忙，很少生病，因此對咖哩特別有感情。

那熱的人吃蜂蜜是為啥？我這裡所說熱的人，是指身體裡好幾把火、常常發炎的人。蜂蜜抗氧化抗發炎的能力很強，我診所或家裡都一定會放蜂蜜，以前有朋友去紐西蘭，我還會請他們幫忙帶麥盧卡蜂蜜回來，現在臺灣也能買到。

磨菇我之所以推薦它，是因為它的營養素組成相當不錯，被稱為「蔬食者的牛排」，不是沒有道理。磨菇還有多醣體，這是補益、轉化體質的好東西。而且磨菇還很「隨和」，利於跟其他食材搭配。想要補充營養，光吃一種不夠，將磨菇跟其他蔬菜炒在一起更好。掌握「豐富」原則，即能輕鬆轉虧為盈。

因應現代人多變又複雜的體質，智慧型補法是煮一鍋「什麼都有蔬菜湯」，這樣全家都可以喝。剛剛說的黑木耳、白蘿蔔、磨菇，通通可以放進去。另外再加些紅的、綠的、黃的，能買到什麼新鮮的，就煮什麼。自己煮的時候，我也偏好這樣吃。

◎刪繁就簡，領略無心之美：秋季的尾聲，你去觀察落葉植物，就會發現大自然正演繹著「刪繁就簡」的節奏，跟上拍子，修心事半功倍。

就讓心裡的雜亂，跟著葉子一起掉光吧！修心，能修到無心的境界，那你就快要成功了。無心，不是整個傻掉那樣，一天到晚犯下無心之過，然後說句「我又不是故意的」以耍白爛的方式輕巧閃過。做人這樣就太賴皮了！會給別人添麻煩的。真正上等的「無心」，是能為自己、為他人，帶來無上的寧靜與祥和。

無心，意思是無妄想心、無分別心、無執著心、無自我中心。先沒有了妄念、沒有了批評、沒有了貪取、沒有了敵我之分，從無中，就會生出有，你的清淨心、平等心、慈悲心、自在心就會顯化出來，帶領你走向天地靜好、歲月無憂之境。迎接清冷寂寥之冬，請試著以無心，將小我融入大我，成為宇宙交響曲中、一個美麗的音符。

19 立冬　天地不言，暖心利他不可少

◆每年十一月六／七／八日

在蓬萊仙島上，立夏不熱、立冬不冷，這也是很正常，正因為四季如春，所以才是仙島嘛！但是視野拉高，像老鷹一樣看得更多、更遠，你就會發現，並非在地球上的所有生命，都享有四季如春的好待遇。慶幸自己年年有餘的同時，懂得去分享那個「有餘」，是成為不生病好命人的大絕招。好消息是，你分給人自己還不會虧到，你的「餘」不會越分越少，就像基督教裡的五餅二魚，能讓所有人吃飽的道理是一樣的。

儘管冬季天不言、地不語，幸好大部分的人心，依舊是火熱的。錦上添花的事情不用浪費力氣去做它，倒是雪中送炭的功夫，可以順勢來精進一番。好比練習平衡，已經太多的不用再去加碼，看哪缺什麼你順勢順手補一下，這樣更好。來看看怎麼做。

◎舉手之勞利它，同時也利到自己：我學生時代最愛看歷史古裝劇。看那古裝劇裡的老大爺、少奶奶被人伺候慣了的、老待在室內的，沒有病懨懨至少也懶洋洋！其實啊，我覺得趁手腳靈活能動就不要閒著，能動是福氣，而留住福氣的方法即是多動。

現在人很忙，喜歡有效率，養身養心當然也可以養得很有「效率」。若以「利他」作為養心的捷徑、「多活動」為養身的不二法門，兩者結合在一起，就是去養成不吝伸出援手、能為他人提供舉手之勞的好習慣。

假設說目標是「一天一萬步健康有保固」，特別挪出時間走一萬步，要花超過一個小時。但順手幫同事送份文件、補衛生紙、拿起大家中午吃完的便當盒去回收，利用瑣碎時間，多走了兩千步，剩下八千步，就更容易達成啦！在家也是一樣。為親人按摩、打掃環境、晒衣服、遛小狗、倒垃圾，幫鄰居阿婆搬幾個箱子，替樓下媽媽抬一下嬰兒車，不用太刻意，遇到就順手作一下，利人又利己，何樂而不為？

利生小習慣，每天做一點，日積月累，就存好了成為「不生病好命人」的本錢。你不用等賺到了大錢，才能去利他，隨時隨手做一點，這些都是很好的利他，最棒的是，小小的利他你做完就忘了，還不會因執著、期待回報而傷心。

◎一命二運三風水，四積陰德五讀書：身為藏人，看這中國傳統諺語「一命二運三風水，四積陰德五讀書，六名七相八敬神，九交貴人十養生」覺得格外有意思。我發現裡頭藏著轉病為福的好命密碼，破解密碼、共修幸福力，大家一起來。

一命。藏人普遍相信輪迴轉世，總結前世種種，成為今世的命。惡也好善也罷，有因必然有果，各種在這世成熟的果，即便早忘了之前是怎麼種下的，西藏人仍會照單全收，不喜，也不怨。例如遇到一個老愛刁難自己的人，想想也許是上輩子欠的，就不太會生氣，大方給他為難幾次，還完就好。

二運。從前我師父有教，命該怎樣就怎樣，得還，就像從樹上丟一顆蘋果下來，它一定會掉到地上。不過運倒是可以轉的。念轉運就轉。每件事都有兩個面，常常能看出好的、陽光的、正向的那面，運氣自然是好的。

三風水。風水博大精深，層次很豐富。簡單來說，好的風水能讓人過得很舒服、很健康。比方說睡眠，寢室要通風、沒有雜物阻礙空氣流通，室內有足夠的氧氣，睡眠才會好，否則缺氧越睡越累，細胞修復與再生的能力都會打折。

一方土養一方人。熱帶地方人需要發汗，辣椒種類特別多。寒帶地方人需要熱量，海魚、牛奶的脂肪都特別豐富。你吃你生長環境所孕育出來的當地當令食物，便是吃出最能滋養身心靈的好風水。

四積陰德。陰德的意思就是，你默默利他，不要敲鑼打鼓的，怕別人不知道你心善。順手做、站在人家的立場去利他，給予真正需要的，也許是智慧的提點，也許是一些勇氣。做完就放下，不要眼巴巴等著回報，這就是陰德。陰德積得多，像在幫自己買保險，危難時刻，助人趨吉避凶。

五讀書。所有人都是智慧的存在！差別在於，有人智慧已開，而有人還沒。除非那種帶天命、天資聰穎的，自己就比書還要厲害，否則我們一般人靠讀好書，可逐漸化解癡愚、斬斷無明。誠心推薦一本好書《不生病的藏傳養生術》，也是時報出的。記得要買，感謝支持！

六名七相八敬神。名字我沒什麼意見，不要太難寫不會唸就好。來談談相，所謂相由心生，心平氣和的人面相最好，最好讓自己成為發散愛與利他的基地台，這樣大家都會想要親近，自然很容易結下良緣。

沒有信仰怎麼敬神？可以感謝太陽、感謝土地、感謝先人。敬神一個很重要的意義在於，去禮敬、感謝那些成就你的。懂得感謝，自大跟傲慢便消失不見。

九交貴人十養生。任何一個出現在你身邊的人，都是有意義的，都是貴人，儘管他們與你互動的方式，你不一定會喜歡。這世上其實沒有敵人這種人。敵人只是戴上壞人面具的貴人，理解他在你身邊出現的意義，或許多年後，你會感激。至於十養生，臉書輸入「洛桑加參」加入粉絲團，更多更新的養生訊息，我都會在上頭分享給大家。

立冬天地不言，我就多說了一點。期待大家都能成為「不生病好命人」。

20 小雪　使志伏匿，沐浴日光了煩憂

◆每年十一月二十一／二十二／二十三日

時序進入到冬季第二個節氣「小雪」。來猜猜看人說「小雪小到，大雪大到」，是在說什麼人到？結果答案不是人，是魚。十一月下旬，游最快的第一批烏魚，已經南下進入臺灣海峽避冬。不過，就跟降霜一樣，連烏魚都知道要來避寒，在避寒勝地目睹降下小雪的機率，遠比看到霜降牛或雪花牛還低。

能吃是福，能睡也是福。尤其現在，重眠的人更有福了，順應冬日的「固封」與「閉藏」，早睡晚起是極好的。人家找你通宵唱歌，你可以跟他說《黃帝內經》叫你早點睡，不去了。書上明確揭示冬季三個月的養生技巧，「冬三月，此謂閉藏，水冰地坼（裂），無擾乎陽。早臥晚起，必待日光，使志若伏若匿，若有私意，若已有得。」之前說過晨起晨練，要等太陽出來

以後，秋季如此，冬季，更要如此。尤其體虛體弱的人，更別傻裡傻氣去跟寒氣拚搏，睡飽一點才是實在。

上頭原文有一句我覺得特別有意思「使志若伏若匿」。意思是教人心思平穩沉靜、不要太過於奔放，這個很對。後頭還加註兩句「若有私意，若已有得」，心志怎樣伏匿呢？像是守住自己的隱私一樣，又像是想要的東西已經得到那樣，不用再去外頭尋找。誰說不是呢？回望本心，其實人想要的，早就已經擁有，只是眼睛太常向外看，沒有向裡頭看，就給忽略了。小雪時節，如何明心淨性休養生息？請繼續看下去。

◎**不用出門找了，青鳥在你家**：我發現《青鳥》這本書裡，有很重要的人生答案。話說這隻鳥可不是普通的鳥，是一隻曾獲得諾貝爾文學獎的幸福鳥。為還沒翻過書的人簡單說一下：一對兄妹為了幫人解除病痛，接下了外出尋找青鳥的任務。他們途經回憶之國、夜晚宮殿和未來之國，奔忙了老半天，什麼都沒找到，無功而返。沮喪回家時，赫然發現，那隻鳥，耍人嗎？根本好端端在自己家裡！

這個故事之所以如此受歡迎，被改編了又改編、翻譯了又翻譯，不是因為看小兄妹被鳥耍得團團轉很有樂趣，而是這隻象徵幸福、快樂的青鳥，提醒了一件人們遺忘許久的事情，

「大多數人從生到死始終沒享受過身邊的幸福，是因為他們有一種錯覺，認為物質享受才是幸福。其實，真正的幸福是用一顆無私的心幫助他人而帶來的精神享受。」家財萬貫、富可敵國的人最幸福嗎？那可不一定。我認為身心靈平衡健康，又願意去利他，令人和你一起同享健康的人，才是最懂得享受幸福的人。你買兩百雙鞋藏在更衣間裡生灰塵，不如送兩百雙鞋給穿得到的人還比較省心。除了作家這樣告訴你，不少科學家和心理學家，也證實了「幫助別人」跟「獲得健康」之間關聯，屬於正相關，你越幫人，自己就越健康。人心，能從分享與利他中得到至高的幸福與快樂，這是我們與生俱來的能力，千萬別忘了使用它。

◎凜冬憂鬱季，還好有日光：春天我叫你晒太陽、夏天我叫你晒太陽、秋天我也叫你晒太陽，這難道，冬天裡還得晒不成？自然是要晒的。春天晒是喚醒冬眠的再生能力、喚醒活力，夏天晒是幫身體除濕排毒，在循環好的季節裡，借力使力讓循環更好，秋天晒是助你一夜好眠，並讓身體儘速適應季節的轉換。冬天晒是要叫你晒出好心情，這是抗憂鬱的好事，像白居易就很懂，他一首關於冬日的詩，是這樣寫的：「負暄閉目坐，和氣生肌膚。……外融百骸暢，中適一念無。曠然忘所在，心與虛空俱。」

其中「負暄」就是晒太陽的意思。冬天的太陽，晒得人通體舒暢、心情舒暢，雜念妄念全無，甚至忘了自己在哪，小我的心與宇宙的智慧之心合而為一。這境界相當高啊！靜心靜坐能做到這樣，那就很棒！

想擺脫冬季憂鬱（Winter Depression），最好的方法就是如白居易一樣，一邊練習靜心靜坐、一邊晒著暖呼呼的冬陽。人所接受的日照不足，會造成生理節律的紊亂。季節性的心情低落，除了程度嚴重的需要以藥物控制，其他的可以靠日光或靜脈雷射（ILIB）來改善。靜脈雷射六分鐘相當做日光浴一小時，原理是將波長六三二・八奈米的雷射紅光導入靜脈，目的在於直接讓血球做日光浴，以此進行細胞能量的轉換，好處在於連微循環都能照顧到，紅血球的攜氧力也能有所提升。根據我自己的臨床經驗，對於一些行動不便、臥病在床無法自己走出去接觸陽光的病患，在康復期輔助使用靜脈雷射療程，不但能加快復原速度、減輕化療的不適感，對於改善情緒低落，也都有明顯的幫助。

小雪時節，請做兩件事，一晒太陽、二翻《青鳥》。去發現自己已然擁有的幸福。可能是親情，也可能是你獨具的天賦，可能是清風，也可能是明月。有人發現能自在呼吸很美好，特別是從慢性呼吸道疾病中康復的人。有人發現晒太陽很舒服，特別是那些住在常下雨地方的人。無論如何，去細數你所擁有的，遠比去計較那些你沒有的，來得快樂許多。

21

大雪　封藏季，帶心腦上健身房

◆每年十二月六／七／八日

時序來到冬天第三個節氣「大雪」。緯度高的地方早已大雪紛飛，人們不得已都只能在家「藏」得好好的，自然而然去符合到了冬季「封藏」、「靜心」的節律。南方沒雪，只是冷，外出還是挺方便的，若沒仔細去思考冬季的意義，很容易稀里糊塗就這麼過了。若依舊自顧自大鳴大放、無節制使用元氣、沒跟上秋收冬藏的自然節奏，趁機養精蓄銳一番，待春季來臨，要嘛睏倦疲累、要嘛手腳萎軟，都有可能發生。

我之所以建議大家修「靜心」和「淨心」就是來保存實力用的，以避免無謂的耗損。當社會亂象叢生、是非顛倒、狗屁倒灶的事情一堆，尤其需要修煉自心。雜亂的念頭、紛雜的情緒，非常消耗人的精神和體力。回想一下，當你大哭一場、暴怒之後，是不是感到相當疲倦？

或是用腦過度、心力交瘁時，是不是經常覺得肚子餓或全身乏力？這就是你的元氣被無謂地消耗掉了。

「藏」與「靜」內在屬性相同，趁著「藏」的季節，來練「靜」功，特別能有所體會、進步神速。這半個月，不妨把職場、家裡當成是免費的心腦健身房，好好精進一番。

靈性揚升，出家或是成家

「煩死了，受夠了俗世紛擾，真羨慕出家人，每天只要念經就好。」「像我這樣聰明居然不被重用，老叫我做一些工讀生的工作，乾脆出家算了。」「退休後閒閒，不如去禪修，這樣往生的時候佛祖應該會多庇佑我一點吧！」很多人以為出家剃度、入佛寺道場修行，一切就沒問題了。但事實上是，如果心的事情沒有搞定，到哪都一樣會傷透腦筋。曾有個二十多歲的女孩子，問高人說：「我接下來該怎麼做，才能繼續精進？」，「出家，或是成家！」高人給的答案很精闢。

我小時候曾出家兩年，就我自己的經驗來說，出家可以開智慧，在家，也可以，說不定還更可以！生活即道場，職場、家庭就像是心腦的健身房，有心精進，不一定要與世隔絕，能在人世間修行，更具挑戰性。道場對修道者的訓練，其實在職場、家庭中也有很多相似的情境關卡。舉例如下。

入世與出世皆同的四項修煉

修煉一，挨罵悟無我。一直被罵一直被罵，被罵到覺得怎樣做好像都不對的時候，就想「為什麼這個『我』，會有痛苦的感覺」，這個痛苦的感覺是真的會痛，還是只是心認為它很痛？換作今天我是他，我是不是就覺得他罵得那些，其實很有道理？一直拆解下去，最後就悟到了「原來一切都是因為『我執』啊！」當場放棄對自我的執著，你就立地成佛了嗎？還沒，還早得很。不過，只要一旦開始不僵硬固執地認為自己是怎樣的人、非如何不可，等於不再畫地自限。通過這道關卡，你將獲得的禮物是「變得超有彈性，像水一樣可隨時幻化變形，隨遇而安。」這關，男生在當兵的時候，應該也經常練習到吧！

修煉二，擺脫無力感。對另一半生氣、跟同事吵架，這在地球上是一定會發生的。法國人解釋，「如果你生氣了，你是在對自己生氣。」靜心想想挑起你怒氣的情節，你是不是還帶著一點無能為力的感覺？這關要修煉的是：停止對無能的自己惱羞成怒，轉化火氣為精進的動能。通過關卡，你將成為一個「更成熟、更有辦法的人」。

修煉三，日日勤掃妄念。出家人有很多勞務工作，並不是像大家想的那樣，只要會念經修法就好，掃這個、洗那個、整理油燈之類的。不過打掃，其實也是訓練。訓練專注、訓練活在當下，以及整頓內心。人心妄念太多，顯化出來就是外境的雜亂。心很亂，反映在辦公桌與居家環境上，也會是亂糟糟的。請讓生活環境變清爽，並享受隨之而來的寧靜舒適感。

修煉四，不說廢話壞話。不少宗教都有禁語的修行法。就算天天行善，只要一句惡毒的話，就能把之前所累積的福氣，抵銷一半以上。宗教領袖們皆意識到口出惡言的殺傷力，不約而同訂下禁語戒律，以此避免修行者廢話連篇，無意義的話說多了，自曝其短、自毀前程、自尋煩惱又自找麻煩。我覺得這是一種很聰明的作法。除了廣播節目主持人必須把每分鐘說好說滿外，大家平常還是少說多看、少說多做，比較沒事。破關獎勵，你將會發現人生路上，常來阻礙你的那些魔物，都不知去哪了？好順啊，守住口業關卡，你將體驗到前所未有的順遂！

22 冬至 為了所愛，以節制換取自由

◆每年十二月二十一／二十二／二十三日

冬至的至，是至極的至。陰極之至、日南至、日短之至、日影長之至，因為有這四個極端，故為冬至。在白晝最短夜最長的這天，你的影子會是一年當中最長的，這時候不用羨慕超級名模有九頭身，你往太陽底下一站，就能見到自己從沒見過的修長美腿。

物資缺乏的年代，人們特別會重視進補日，像冬至就是一個進補日。陰到了最谷底，陽就要漸漸長了，以往認為這時候來補，能催動陽氣，類似刷信用卡逢周三點數加倍送的意思，在進補日來補，效果特別好。不過，那是以前。

現在掂量一下自己的腰圍，女生超過三十二吋褲子不好買的時候，男生超過三十六吋、低頭只看見肚子看不見腳趾的時候，表示你內臟脂肪太多了。要是這樣，你不要朋友一揪就跟著

去吃補。若真要補，是要用一種調整的方式來補，運動量不夠就補運動，水喝不夠就補水，天然酵素吃不夠就補吃鳳梨跟木瓜。

冬至為陰極之至，天氣又冷，身體有哪個部位特別虛的，自己能很容易察覺出來。你可以靜靜躺在床上，觀想一道白色的光，從頭頂注入，從頭到腳、由裡而外，以掃描的方式檢視身體的每一個部位，白光若順利走完全身，那就沒問題，若走到某個部位受阻或是變濁變灰，那個部位你就要特別去關心一下。要再做後續追蹤以及生活習慣上、心態上的調整。怎麼調？用以下的方式來調。

◎有所節制，以待來日：「自制」與「健康」之間的關係成正相關，自制力越高、健康力越強大！紐西蘭人花了幾十年，追蹤一九七二年出生的上千名嬰兒，證實了這個觀點。著名的「丹尼丁研究」指出，觀察三歲兒童，就知道他們未來會變成怎樣。研究中提到「低控制型」的人罹患心臟病、糖尿病的機率高於常人，這類人特別喜歡尋求刺激，造成意外死亡的機會比較多，另外還有依賴物質的傾向。

當一個國家的醫療水平到達一定水準後，誰能健康到老、誰老的時候病歪歪，不是天公伯擲骰子決定，也不是祖先遺傳下來的，而是自己做來的！從佛教醫學的角度來說明，自制力低的人，屬於不能戰勝貪欲的一群，身心靈不能合一，比方說心裡想吃甜抒壓、身體一直在發炎其實不想吃。現在很多的健康問題，都由貪所造成，尤其是飲食上的貪。一個標準體重的上班族女性，一日所需熱量不超過一千五百大卡。而「貪」這個心魔，最會找藉口，「工作壓力很大耶，靠美食我才能放鬆。」「朋友、同事聚餐，去了還這不吃那不吃，多掃興。」飲食失衡，高血壓、高血脂、心臟病、糖尿病、癌症都有可能被吃出來。

你必須靜下心來，察覺到底為什麼這麼愛吃，或許是想緩解緊張、鬱悶，或許只是無聊，這時首先應該解決的是情緒的問題，而不是第一時間打電話去訂餐廳。醫生、科學家研究出來怎樣可以獲得健康，這些是知識，懂得去實踐、運用這些知識，靠得是自己的智慧！照見自心，你已然具備這樣的智慧。

平常若懂得節制，表示能輕鬆戰勝貪的心魔，這樣的你，享有高度自由，能從心之所欲，卻不會太超過。學會節制，不但不會讓人吃虧，逢年過節、冬至或接下來的跨年，你就更有本錢去吃、去慶祝、去小酌兩杯。不被心魔牽著鼻子走，你才能真正做自己的主人。

◎**有所不為，知止守戒**：許多宗教都有戒律，不知道的人，以為守戒是苦行。其實不是這樣的。戒律不是規定出來折磨人、整人的，相反的，戒律是一種保護，讓人用最簡單的方法，跨越許多身體健康上、心靈健康上的障礙，最終目的是為了身心靈整體的淨化、揚升。就好比媽媽跟小孩說，那邊水太深你不要去，這也是戒律，但大家都知道這條戒律是出自於關愛，所以沒有人會認為媽媽是專門掃興的壞人。

同樣的，你也可以出於對自己身心靈的關愛，依自身狀況為自己設下幾條必要的戒律。譬如說，腸胃消化不好，限制自己不要太晚吃晚餐。又或者之前喝酒熬夜太兇想開始養肝，就規定自己在膽經的時間（晚上十一點到凌晨一點），與肝經的時間（凌晨一點到三點）一定在床上躺好。還有就是超愛喝酒，本來每天一手，現在規定每天一瓶，有事情要慶祝可以開兩瓶，不過一瓶請朋友、一瓶自己喝。守好戒律，就像幫自己設下速限，以策安全。

知止、有所不為，才能做個明白人。

若從陰陽消長的角度來看，冬至其實可看作是一個起始點，從這次新的循環開始，你讓自己變得跟以往不同，既不被心魔牽著鼻子走，也不人云亦云蒙著心眼過日子。從這次新的循環開始，你懂得為自己打算，埋下善的種子、健康的種子，辛勤澆灌，過沒多久，你就會發現守戒律值得！平日小小的節制，將為你換來無限大的自由。

23

小寒　無風也寒，提防殘冬黑時間

每年一月四／五／六日

俗話說「小寒小寒，無風也寒」，冬至雖為陰極之至，不過要說冷，冬至後的小寒、大寒才會真得冷。排除異常氣候不說，根據氣象局統計，臺灣最冷的日子，大多落在一月底。小寒，還只是開端。

天氣越冷，越是醫療院所的「旺季」。跟餐旅業不同，人家是越旺越開心，醫護人員是越旺越傷腦筋。以前在急診室，學長還不給訂夏威夷比薩，也不讓吃鳳梨，就怕越吃越旺，病患一直來。提防殘冬黑時間，要用身心去感覺、回應季節的變化，天冷了，就不要還像熱天時一樣，堅持早上六點起床去慢跑。高血壓、心血管疾病患者，尤其要避免冬日清晨的劇烈運動與猛烈的情緒波動。除了心血管較弱的人要和緩、心平氣和的度過冬天，肺部虛弱、體質虛弱易感冒的人，若農曆年前工作量暴增特別累，能休息時就不要到處亂跑。最怕累了一天還勉強自己去參加一場又一場的尾牙。想睡就睡不是偷懶，是保命！

順應寒冷季節，睡跟吃的大原則是「早睡晚起」、「避免減肥挨餓」，要減等春夏再來減，平常吃七八分飽為宜。小寒養生，最重要是讓自己熱起來！其次就是若出現冬季乾癢，請用天然油品調養。具體怎麼做，下頭一一說明。

◎暖心暖身體，提高體溫：人擁有美妙的自癒能力，但如果體溫太低，自癒力、免疫力就會大打折扣。靠這六招升溫，一起來做看看。

第一招，不必刻意在寒冷的清晨起床運動，只要減少搭車、多步行。有空時穿上好走的鞋去走路，走到全身暖呼呼這樣就可以。

第二招，夜晚入睡穿襪子保暖，這樣還能更容易進入熟睡狀態。日常衣著不露肩不露肚，帽子圍巾拿出來用，善用物理方式阻絕寒氣入侵。

第三招，許多消炎止痛藥都有解熱的功能。務必檢視自身狀況，若無特殊需求，就別讓這類藥物一直把體溫降下來。

第四招，去冰飲改喝熱湯。啜飲溫熱開水代替可樂或其他含糖飲料。多選燉煮的溫帶地區料理，少吃涼拌的熱帶地區菜餚。找出能讓自己溫暖發熱的食物類型，可能是薑湯，或許是一杯Whisky。像我自己冬天吃火鍋時，經常加點一壺溫清酒。

第五招，靜心理氣。我們常說心寒心寒，事實上，若心鬱悶、冷漠、貪婪、厭世、傲慢，或是長期處於緊張不安的狀況，還眞的會使體溫降低。不妨透過種種利益他人的行爲舉動，或是善意的念頭，從暖心下手，也能使身體逐漸暖活起來。

暖心居然能暖身？是的，這跟自律神經與中醫說的「氣血」運行有關。試著回想，當暴怒、緊張時，是否曾有手心冒冷汗，或身體發冷、發抖的經驗？這就是心念影響體溫的狀況之一。當你利他、為他人奔走、保持善念、轉化自私狹隘的想法、放棄執念時，你的熱心、熱血，有助於令身體維持在較為良好的健康狀態，非常神奇，不自己試試看不知道。

◎好油防乾裂，回歸幼嫩天然肌：遇到比較乾燥的冬天，很多人經常這裡癢那裡癢，抓不停，搞得自己很煩躁。含類固醇的藥膏初期確實能止癢，但用久了皮膚會變得更乾更癢，而各種抹起來涼涼的藥水，只有在涼的時候不癢，水分揮後後，也是會繼續乾癢。含有消炎成分的使用上更要謹慎，若讓體溫下降，血液循環變差，皮脂腺分泌也會變差，到頭來還是一樣更乾更癢，根本沒有解決問題。那要怎麼辦？

看起來很難辦的問題，其實都有最單純的答案。皮膚要的不多，給它好油就對了！我常在剛洗完澡或睡前塗上一層亞麻仁油，尤其冬季皮膚較為乾澀緊繃的時候。老人家上了年紀，若自體分泌的油脂不夠，我也都推薦他們擦油。除了亞麻仁油，我平常喝來顧胃的苦茶油，也適合拿來擦。這個臺灣老一輩再熟悉不過的苦茶油，其實也是中國歷代貴婦人護髮護膚護臉的祕密武器。不管亞麻仁油還是苦茶油，要拿來做料理、喝油保健或是擦油保濕，記得優先選擇以物理性壓榨的，較能為人體所接受。

擦的抹的跟吃的一樣，越天然、化學添加越少越好。有人乾癢脫皮，不只是因為季節的關係，還有可能是對某些化學成分過敏，兩個因素相加起來，才會癢得那麼厲害。有人敷面膜敷到過敏的、擦乳液過敏的也有，過敏是一種發炎反應，應避免它成為常態。請將保養品斷捨離，如果擦了、敷了皮膚會癢，成分太複雜的那些就不要用了。回歸天然油品，拿掉肌膚不需要的成分，也等於是在幫自己清除過敏源。

24 大寒　避受風寒，先知先覺不感冒

◆每年一月十九／二十／二十一日

「大寒不寒，春分不暖，人馬不安」、「大寒到頂點，日後天漸暖」大寒是二十四節氣裡排在最末的壓軸大魔王，接下來會更冷還是逐漸回暖，由它說了算。

我覺得大寒還有點像是期末考，若你之前都有乖乖做好養生功課，那這時候一定歐趴（All Pass），要是偷懶加任性，做了很多耗損元氣的事，那感冒就可能隨時來報到。大寒養生須知，先來聊聊感冒二三事，再接著教你養生順應季節、節氣之後，再更細一點，順應時辰該怎麼做。

◎百百種感冒，皆無藥可醫：感冒病毒超過上百種，但很遺憾不管是哪種西藥，醫生開

的、藥房買的、同事給的，都只能暫時緩解不舒服，沒辦法根治。

其實感冒根本不用吃藥！經過充分休養，人的自癒力能讓一般感冒在七到十天內自行痊癒。就怕已經感冒了還強打精神，拚命工作、拚命念書、拚命玩，大把大把感冒藥亂吞，喝的、吃的、噴的通通來。眼下症狀是緩解了，但以藥物干擾免疫系統判斷，以為不用休息而硬操身體，反而會使感冒拖更久。

比較有智慧的作法是，去察覺那即將感冒的「微徵兆」。試著回想過去你將感冒未感冒之際，身心有何變化？徵兆人人不同，有人會畏寒怕冷，有人是胃口差、味覺改變，改變可能很細微，需用心才能察覺。也有人是眼乾、嘴乾、喉嚨乾，乾表示身體防護力下降，病毒常趁乾而入。其他還有注意力渙散、容易累、心情低落，這些都有可能。

當自覺快要感冒時，我會格外注意補充水分、睡飽一點，還有就是吃大蒜。最重要的是不要讓自己太累、該暫停就要暫停，保持心平氣和、躺著休息減少消耗。越早開始預防，越能縮短感冒時間，甚至讓感冒不會發生。這些，需要你自助，任何藥物都沒辦法在這個階段幫助你。初期的預防，是防止惡化的關鍵。但若能把預防內化成習慣，感冒就會離你更遠啦！大寒之日避免受風寒，除了去察覺徵兆，你還可以這樣做。

√ 經常啜飲溫開水保溼喉嚨。

√舌抵上顎促進唾液分泌。
√維持較高的體溫，避免頸部、手腳冰冷。
√徹底治療好自己的慢性疲勞。
√善用茶樹、薰衣草等天然精油。
√多走動、多泡澡，帶動全身血液循。
√吃大蒜、薑黃、洋蔥增強免疫力。
√避免紊亂作息或休息不夠。
√在外頭少搓口鼻、挖鼻孔。
√帶自己的筆簽信用卡帳單。
√舒活頭部血液循環、排除負能量。
√流感高峰期出入捷運、電梯配戴口罩。
√每天練習靜心，化妄念於無形。

以上，做得越多、防護越全面。但請不要感到壓力，抱著愉快的心情來做預防工作，才能長久。

◎跟上自然節奏，順天生機無限：天體與人體之間存在著微妙的互動，從前藏醫同時也是精通曆法的智者，他們知道四季對器官的影響，以及什麼時節上山採藥，又在哪個時辰製藥效果最好。而有著不同療癒性質的藏香，也各自有適合點燃的時間。中醫講「子午流注」，把子丑寅卯各時辰與經絡臟腑對應起來，早中晚氣血運行到哪裡，一清二楚。西醫則擅長統計疾病的「好發時間」，有些時候急診室很忙，有些時候老人與小孩特別危險。以一小時、一日、一周、一月、一季為單位，我認為，善用時間節律來趨吉避凶，是在預防醫學領域中很值得來好好探究的一塊。我先舉五個例子做開頭，接著請你以「時間」為線索，去尋找適合自己的養生法。順應天時，並與天地同步化，節奏掌握越合拍，越有機會成為不生病好命人。

例子一，晚上七點到九點適逢十二經脈中的心包經「值班」。這兩小時間宜做些怡情養性，舒緩心情的事，比方說閱讀、練字、陰瑜伽，或者靜心靜坐，都是很好的，為待會睡眠提早做準備。忌沒事瞎操心、忌大怒大喜大悲。

例子二，冬日早晨，請慢慢甦醒，尤其寒流來襲時。年紀越長，起床速度越要放慢。你可以躺在床上搓搓臉、拉拉耳朵、伸伸懶腰、動動手腳，賴床三、五分鐘再起身。有血壓血脂問題，更要記得這個「緩慢甦醒」是預防中風、心肌梗塞的保命良方。

例子三，一周中，藍色星期一（Blue Monday）是上班族最難熬、最憂鬱的一天。萬一又碰上秋冬，加上陰雨連綿，更是雪上加霜。身邊若有憂鬱、躁鬱症的朋友，請在這一天多愛他們多包容一點。然後，建議各位主管們，儘量避免把關鍵會議、提案日結案日、重要的差旅行程，排在星期一。大家一起來預防「周末提前憂鬱」，在該休息的假日還要想著工作，那還真不能好好放鬆了。

例子四，月圓前後幾天，人體內的褪黑激素比較少，需要的入睡時間比較長，入睡後睡眠深度較其他日子來得淺。睡眠不足常影響判斷力，這或許是月亮越大越圓，車禍也越多的原因之一。睡眠不足時別做衝鋒陷陣的事，保持心平氣和、將精神耗損降至最低，含蓄安穩度過一天，便好。

例子五，冬季是一年當中人的體溫最低的季節。體溫降，免疫力也跟著降。預防反覆感冒，除非有特殊需要，否則冬天請不要太認真減肥，少吃生冷食物，多選擇能讓身體暖活的料理，像我就常煮一鍋「什麼都有蔬菜湯」來喝。尤其體弱、病中正在調養的朋友，冬季特別要注意吃好睡飽，避免過度勞心勞力。

結語

恭喜你完成以上課程，相信你在這一年中，已經時常體驗到「心如工畫師，能畫諸世間」的美妙與樂趣。結業證書是張能無限書寫的白紙，從今往後，你能在上面寫下任何你所期待發生的好事情，這些事情將依照隨心所欲、心想事成的原則，真實發生。

接下來，請善用你的善良與慈悲，善慧同行，協助他人和你一樣，恢復健康、維持健康，享受自在、體驗美好生命的豐盈。透過種種利他的行為、利他的心意，你將安住在自給自足、自在愉悅的永恆快樂之境中。

CARE045

靜心・淨心——52周的修煉，一年後與完美的自己相遇

作　　者—洛桑加參
主　　編—林菁菁
企劃主任—葉蘭芳
封面設計—楊珮琪・林采薇
封面攝影—張明偉
內頁設計—李宜芝
內頁插圖—Kathy

董 事 長—趙政岷
出 版 者—時報文化出版企業股份有限公司
108019 台北市和平西路三段二四〇號七樓
發行專線—（〇二）二三〇六六八四二
讀者服務專線—〇八〇〇二三一七〇五
（〇二）二三〇四七一〇三
讀者服務傳眞—（〇二）二三〇四六八五八
郵撥—一九三四四七二四時報文化出版公司
信箱—10899 臺北華江橋郵局第 99 信箱

時報悅讀網—http://www.readingtimes.com.tw
電子郵件信箱—newlife@readingtimes.com.tw
法律顧問—理律法律事務所 陳長文律師、李念祖律師
印　　刷—勁達印刷有限公司
初版一刷—二〇一九年十月十八日
初版十七刷—二〇二四年七月十七日
定　　價—新臺幣四〇〇元
（缺頁或破損的書，請寄回更換）

時報文化出版公司成立於一九七五年，
並於一九九九年股票上櫃公開發行，於二〇〇八年脫離中時集團非屬旺中，
以「尊重智慧與創意的文化事業」爲信念。

靜心 . 淨心 / 洛桑加參著 . -- 初版 . -- 臺北市 : 時報文化 , 2019.10
面；　公分

ISBN 978-957-13-7959-3 (平裝)

1. 靈修　2. 心身醫學　3. 生活指導

192.1　　108014957

ISBN 978-957-13-7959-3
Printed in Taiwan